I'R HEN
BLANT BACH

HEIDDWEN TOMOS

Hoffwn ddiolch o waelod calon i Meinir a Huw
am eu gwaith arbennig unwaith eto.

Diolch hefyd i'r Cyngor Llyfrau am eu cefnogaeth
ariannol ac i'm teulu am y llonydd i sgrifennu.

Mae'r awdur wedi addasu'r ryseitiau
o lawysgrif Meddygon Myddfai

Argraffiad cyntaf: 2022
© Hawlfraint Heiddwen Tomos a'r Lolfa Cyf., 2022

*Mae hawlfraint ar gynnwys y llyfr hwn ac mae'n
anghyfreithlon llungopïo neu atgynhyrchu unrhyw ran ohono
trwy unrhyw ddull ac at unrhyw bwrpas (ar wahân i adolygu) heb
gytundeb ysgrifenedig y cyhoeddwyr ymlaen llaw*

Rhif Llyfr Rhyngwladol: 978 1 80099 207 8

Dymuna'r cyhoeddwyr gydnabod cymorth ariannol
Cyngor Llyfrau Cymru

Cyhoeddwyd ac argraffwyd yng Nghymru
ar bapur o goedwigoedd cynaliadwy gan
Y Lolfa Cyf., Talybont, Ceredigion SY24 5HE
e-bost ylolfa@ylolfa.com
gwefan www.ylolfa.com
ffôn 01970 832 304
ffacs 01970 832 782

Beware
of the monster-people,
already old
with red
rimmed eyes
of creation,
dilated nostrils
moving
from pleasure
to pleasure
sitting
at the banks of time
drinking the sound
of teardrops.
L.S.

'*I have seen the sun break through*
to illuminate a small field…'

R S THOMAS

'*If you have to eat crow,*
eat it while it's young and tender.'

THOMAS JEFFERSON

SYR

MAE RHYWBETH AMHEUS iawn am un nad yw erioed wedi rhedeg unrhyw fusnes na chwaith wneud dim â phlant, ond sy'n llanw swydd mor allweddol ag un Bleddyn Evans. Eisteddodd ar waelod yr ardd goffa yn edrych yn ôl ar yr adeilad hynafol. Syllodd ar y ffenestri cul, y gwaith carreg, y pileri crand... Cartref, yng ngwir ystyr y gair. Arferai fod yn dŷ i foneddigion (roedd Bleddyn wedi gwneud ei waith cartref). Stafelloedd crand wedi eu troi yn stafelloedd cysgu i bump, neu chwech ar adegau. Neuadd i gael bwyd, bloc i'r bechgyn bach a bloc i'r merched. Y seler oedd ei hoff le. Roedd yno ryw dawelwch, preifatrwydd hyd yn oed, fyddai'n atgoffa dyn o'r crandrwydd fuodd yma ar droad y ganrif ddiwethaf.

Cerddodd y gerddi, a'i esgidiau seis saith yn gwichian yn y borfa foreol. Cafodd afael yn ei ffôn poced a thynnodd gwpwl o luniau amatur. Roedd ganddo gamerâu gwell, wrth gwrs, ond roedd yn ei elfen o gael yr haul, y golau yn y cyfeiriad cywir, ac yn rhoi rhyw wefr newydd iddo bob tro y deuai i'r lawnt. Y *lawn*.

Cliciodd ar y pileri ar waelod yr ardd; cafodd ongl fach ddiddorol o'r pen dieflig a eisteddai ar y top. Gwyddai Bleddyn nad cyd-ddigwyddiad oedd hynny. Roedd y diafol ym mhob man ond i chi edrych yn fanwl. Trodd y camera i gyfeiriad arall a gwelodd blethwaith o rosod dethol yn pigo drwy'r clawdd. Doedd e ddim yn ddyn blodau. Roedd rododendrons yno hefyd ac yn wenwynig yn ôl y sôn, ond mewn hen blastai fel hwn roedd rhyw statws yn perthyn iddynt. Gwyddai Bleddyn lle roedd pob un yn gorwedd. Y rhai bach a'r rhai mawr. Roedd ei gysylltiadau â'r lle yn mynd yn ôl sawl blwyddyn.

Daeth yma gyntaf yn fab i ddyn fyddai'n torri'r lawnt. Goffer bach di-nod oedd ei dad. Ac yno mae'n siŵr y dysgodd ei grefft. 'Dilyn cwys, fel cwys ei dad.' Chwarddodd Bleddyn.

Aeth yn ei flaen a ffocysu ei gamera ar arwyddion bach yn y gwaith carreg. Arwyddion eu bod nhw i gyd yn perthyn. Y toriadau yn y maen. Crefftwyr yn wir. Ffocysodd ar garreg fain – twr i bob pwrpas – ar ganol y lawnt. Symbol o ddynoliaeth ar ei gorau. Y cryfder dynol. Yn feistr ar bopeth benywaidd.

Aeth Bleddyn i'w boced a thynnu lolipop bach coch ohoni. Tynnodd y papur a'i adael i gwympo ar y borfa. Rholiodd y lolipop yn ei geg. Ei glec fel clec switsen boeth rhwng ei ddannedd. Roedd rhywbeth am bren lolipop yn sbecian drwy wefus dyn. Cofiai amdano'n blentyn yn efelychu ei dad yn smocio stwmpyn wrth dorri'r *lawn*. O, mor felys yr atgofion. Tynnodd y pren o'i geg a llyfu'r bêl fach tan bod ei dafod yn goch. Gwiriodd fod ganddo ddigon. Oedd, roedd ganddo ddau arall. Byddai un i dorri'r garw yn iawn. Cysur i ferch fach wrth weld hen ddyn ffein yn sefyll wrth y drws yn ei chroesawu i'r Cartref am y tro cyntaf. Gwên gynnes a lolipop coch. Gwên lolipop.

Fyddai'r croeso ddim yn hir cyn ei dofi. Gweld rhesi o blant bach cariadus yn sefyll mewn rhes yn y neuadd fwyd. Pob un yn canu. Eu dannedd mewn rhes, eu llygaid mewn rhes, eu lleisiau bach yn llanw'r neuadd grand. Neuadd grand y byddigions a'i llond o blant bach Iesu Grist.

'Y bastards bach lwcus.' Gwenodd Bleddyn.

'Syr? Syr!' Galwad iddo ar ffôn y swyddfa. Mae'n rhaid ei bod hi'n bwysig. Hilary fach, yr ysgrifenyddes ffyddlon. Croesodd y lawnt tuag ati. Doedd e ddim yn briod, ond pe bai rhaid iddo briodi, byddai menyw fach fel Hilary'n dderbyniol. Yn dderbyniol iawn.

'Diolch, Hilary fach. Diolch.'

Diflannodd Hilary fach yn ei sgert maint 16 a'i brasier bach melynwyn yn chwarae pi-po drwy'r botymau. Roedd yr haul yn rhy gynnes i Hilary. Byddai angen iddi osgoi neilon yn y defnydd.

Cydiodd yn y ffôn. Tynnodd ei lolipop o'i geg. Roedd yn rhaid iddo fod yn broffesiynol.

'Ha! Gwas...' Surodd ei lais. 'Bydd yn rhaid i ti fod yn fwy gofalus, yn bydd?... Allwn ni ddim gwneud pethau'n rhy amlwg... Os nad oedd corff, yna mae'n fyw. Ffaith syml.'

O gornel ei lygad sylwodd Bleddyn ar gysgod wrth y drws. Tarodd ei droed yn ei erbyn i'w gau, cyn ailgychwyn.

'Ceith. Fe geith angladd dawel... dim byd â gormod o ffŷs... Mater syml fydd dod o hyd i'r ferch a gobeithio bydd y "diddordeb" yn fyw o hyd. Gwna dy waith, dyna fachgen da.'

Crensiodd Bleddyn drwy'r lolipop coch tan bod dim ar ôl ond y goes fach denau. Plygodd hi. Doedd hyn yn gwneud dim lles i'w enw da.

Mater bach syml oedd chwilio am rywun arall i yrru'r 'defaid' i'r mynydd. Roedd y ddamwain yn anffodus, ond dyna fe. Doedd neb yn byw am byth.

'Dim golwg. Dim gair. Na. All hi ddim fod wedi mynd yn bell. Mae'r dre yn llygaid i gyd. Pe bai hi wedi cael dolur yna fyddai Ed wedi clywed. Pe bai hi wedi cael ei harestio yna fyddai'r Chief wedi clywed. Wyt ti'n deall, was? Dy le di yw dod o hyd iddi... ar ôl i ti gribo pob blewyn... wedyn efallai byddai o werth i ti weld beth sydd gan ein ffrind bach Abel i'w ddweud. Fe gest ti'r cyfeiriad. Mae'r Cartref yn gwybod.

Defnyddia dy ddyrnau os oes raid... mae'n siŵr fod Abel bach yn cofio rhywbeth.'

Gosododd ei fys dwylo menyw ar y botwm i ddiffodd y ffôn. Cododd i weld ei adlewyrchiad yn y drych tu cefn i'r drws. Hen ddrws newydd. Doedd hwn ddim yn dod o gyfnod gwreiddiol y tŷ. Byddai'n rhaid ei newid. Dyna drueni, meddyliodd Bleddyn, pobol heb barch at hen bethau, yn rhyw foderneiddio heb eisiau. Y fath sarhad. Syllodd ar yr hen blastar yn datod o gornel y stafell.

'*Dampness*! Damprwydd drwyddi draw.' Cerddodd at y drws a'i agor yn araf. Byddai'n rhaid i bethau newid. Cliriodd ei wddf cyn mentro galw,

'Hilary?' Ei lais yn dyner, dadol. 'Hilary fach. Dere â help llaw fach i Syr, wnei di?'

Fel ci drwg, llithrodd Hilary fach drwy'r drws agored.

'Clo fe, Hilary fach... ma Syr wedi siomi.'

DIM DAU HEB DRI

PAN DDAETH BRÂN i mewn drwy'r hen shimne, gallai'r hen wraig ei chlywed yn crafu, tu ôl i'r wal, ei chrawc yn deall bod diwedd ar ddod. Fedrai ddim hedfan yn ôl drwy'r twll yn y to. Brân? Jac-do efallai? Gallai ei chlywed drwy'r dydd, ac wrth iddi droi yn ei gwely dymunai iddi farw, er mwyn iddi hithau gael cysgu'n drymach ac anghofio.

Roedd hynny ddyddiau'n ôl erbyn hyn, ond dyna'r diwrnod y cafodd gwmni gyntaf; diwrnod pan ddaeth y frân i grafu ei marwolaeth yn y shimne lwfer. Dau ymwelydd. Cofiodd iddi aros ar ddihun sawl noson wedyn gan ddisgwyl y trydydd. Ddaeth e ddim.

Tŷ. Cartref. Estyniad o'r tu fas. Lle i fwyta a chysgodi. Cerrig noeth. Welydd gwyngalch. Y frân ddaeth gyntaf. Y ferch ddaeth wedyn. Cyrraedd ar ddamwain. Ymwelwyr. Dôi'r ymadael eto. Rywsut.

Taniodd y dryll ddwy waith, i gynhyrfu'r nythod brain ben uchaf y clos. Gallai fod yn ddyn yn ôl ei gwisg. Cerddai fel un hefyd. Ei chyhyrau yn galed, ei chroen wedi cochi yn y gwynt. Yn ifanc hen. Plygodd y dryll. Poerodd y cetris i'r cerrig mân. Ac o un man bron daeth brân arall i'r golwg. Merch mewn du. Cot ddu. Gwallt du. Llygaid du. Ond nid y du a'i tarodd gyntaf. Byddai dweud hynny'n gelwydd. Sylwi ar y cochni wnaeth hi. Polleth goch. Gwres. Llosg. Wel, doedd dim modd i chi beidio sylwi ar hynny.

'Lost?'

Dyna oedd gwendid pobol ddieithr, roedd hi bron yn amhosib dyfalu a ddeallen nhw unrhyw iaith heblaw yr amlwg.

'Lost?' holodd eto, gan weld nad oedd dim yn dod o'i ddweud. Ei llais fel cetris llawn.

Ddaeth 'na ddim ateb. Sefyll yno, fel bwci bo, ei chot wedi gwlychu drwyddi a rhyw olwg fel y gweddill yn ei llygaid. Doedd neb yn ffwdanu crwydro'r holl ffordd i fyny ati hi. Neb heblaw amdanyn nhw. Y rhai nad oedden nhw'n bwriadu mynd adre.

'So you're not lost... Good.'

Bwledi bach. Bwledi lladd gwenoliaid efallai. Trodd am y tŷ. Doedd dim iws aros. Gallai ei gweld yn iawn yn y llwydnos. Cysgod. Ysgwyddau main, dillad anaddas.

'Dere.' Milgast fain yn camu yn ei chamau.

Yn nhywyllwch y gegin safodd yn gryman wrth y ford fwyd. Pentyrrau o bost. Misoedd o bost dibwys. Tebot. Crymen o friwsion a baw. Doedd neb yn galw. Pwy eisiau glanhau? O'r ford i wres y tegil, i'r cwpan te ar ei hanner; totyn bach o ddŵr berw i'w dwymo cyn ei osod wrth wefus rychiog.

'Te. Sdim byd ffeinach na te.' Cododd y lipyn i'w gwefus, ei chwythu cyn ei lyncu.

Erbyn i'r ferch gyrraedd y tŷ roedd ôl esgidiau gwlyb a phedair coes wedi cerdded droeon ar hyd y teils coch. Mynd rip-rap wrth hebrwng a hôl. Marciau gwlyb, brwnt. Safodd hithau'n swil, un fraich yn cynnal y llall, yn groes am ei chanol.

'Sdim signal. Ma'r ffôn fan'na os ti moyn.'

Cododd y ferch ei golygon. Llygadodd y lle. Gwnaeth y

filgast yr un modd, ei mesur. Na, dim bwyd. Trodd yn ôl at ei pherchennog â gwên un yn dwli ar gwmni. Eisteddodd.

'Wel, dere mewn. Ma'r gwres yn jengid drwy'r drws. Hwp dy din ar y sgiw. Mae'n galed, cofia, y sgiw. Te? Ie, well i ti ga'l te.' Cododd y ferch ei hysgwyddau, fel awgrym ei bod yn deall.

Gosodwyd cwpan ar y ford. Arllwys y te yn drwsgl o'r berw. Cododd lwyaid o siwgr heb ofyn, a throi. Pwysodd y cwpan tuag ati. Anogodd hi i eistedd ac yfed. Yfodd. Cododd dafell o fara o'r bocs bara, ei sodro yn y peiriant a llyfu ei gwefus sych wrth aros iddo grasu. Menyn. Rhaid cael menyn. Jam mwyar hefyd. Plât.

Syllodd arni. Yr wyneb cleisiog. Y llygaid pell. Y croen. Gallai fod yn bymtheg. Gallai fod yn hŷn.

Peth salw yw anifail yn disgwyl marw. Roedd y frân yno o hyd, gallent ei chlywed, rhyw sgathriad fach yn y lludw. Sgathriad, crawc. Gallai ei dychmygu; ei hadenydd yn frigau heb awel. Blino. Danto. Brân yn gaeth, a pha werth oedd mentro achub brân? Dim ond hen frân neu jac-do falle wedi cwympo wrth nythu. Doedd dim iws iddi feddwl tynnu'r gwresogydd newydd o'i le er mwyn mynd ati. Na. Gwell oedd ei gadael.

Yfodd y ddwy eu te.

'Fe ddes i i chwilio amdanoch chi.'

Culhaodd llygaid Ceridwen. Gwyddai nad oedd y ferch wedi dweud yr un gair. Gallai ei darllen mor rhwydd. Pob meddylyn bach. Pob emosiwn. Yr hen iaith gudd. Iaith goll rhwng enaid ac enaid. Llyncodd Ceridwen ei thafod. Roedd angen amser arni. Dod i chwilio amdani hi fydden nhw i gyd. Pawb yn dod at Ceridwen pan fyddai'r bwtsieriaid yn y dre wedi ffaelu. Syllodd i fyw ei llygaid, ei mesur, cyn troi'n ôl at ei chwpan te rhydd. Y lafant a'r ddeilen dant y llew yn ddigon i leddfu a glanhau'r afu. Cododd lwyaid o fêl o'r potyn ar y ford. Mêl i wella'r gwddw. Gallai deimlo'i hofn. Gallai deimlo emosiwn y cleifion i gyd ac roedd cleifion ym mhob man wrth gwrs. Dyna'r drefn. Doedd doctoriaid ddim am i neb wella. Doedd dim arian mewn gwella. Eu cadw yn gaeth i ryw foddion, tawelyddion – dyna oedd y drefn. Chwarddodd Ceridwen yn dawel bach iddi hi ei hun. Ie, ond pa iws dweud hynny wrthyn nhw? Roedd y mwyafrif yn dal i gysgu. Trwmgwsg, a'r sgriniau diddiwedd yn mynnu eu cadw'n gaeth. Eu cadw'n farw, a hwythau'n meddwl eu bod yn byw.

'Ti wedi llosgi.' Dim ateb. 'Galla i weld dy fod di wedi gorfod dianc... Ie, wy'n gweld...'

Syllodd Ceridwen arni. Gallai deimlo'r baich yn llithro drwy ei chroen ei hun. Corddodd. Teimlodd fel chwydu. Roedd pris i bob dawn. Ac er mwyn gwella eraill, roedd yn rhaid iddi hi fyw'r emosiynau hynny. Caeodd ei llygaid a blasu'r tyndra yng nghorff y ferch. Arswydodd. Gwyddai Ceridwen fwy mewn eiliad na'r un prawf meddygol. Gallai fesur anian a'i bwyso ym mhwll ei stumog ei hun. Gallai ei gario. Gallai ei waredu. Gallai – am fod ganddi'r grefft gynhenid.

Creadur anodd ei ddeall oedd dyn, meddyliodd Ceridwen. Byddai aderyn wedi hedfan gyda'r tymhorau. Byddai'r ddafad yn pori heb feddwl am ei diwedd tan iddo ddod. Ond roedd dynoliaeth yn wahanol. Mynd o flaen gofid. Bwydo'r gofid. Gadael iddo weithio fel gwenwyn...

'Wy'n gweld. Wy'n gweld,' sibrydodd yr hen wraig a nodio, yn fwy iddi hi ei hunan nag i neb arall. 'Sdim damwain mewn bywyd. Ti'n deall?' meddai wedyn a phwyso mlaen yn ei stôl, ei sanau gwlân yn dyllau. Gwelodd y ferch ddau ewin caled wedi gwthio eu ffordd i'r wyneb. Snwffiodd, cyn troi ei sylw i'r tân bach yn y stof Rayburn. Tân bach melyn. Tân bach coch. Du. Llwyd. Mwg. Lludw. Dwst. 'Mae popeth yn digwydd i bwrpas,' meddai eto gan ddal i syllu i lygad y fflam fach. 'A dyna pam wyt ti fan hyn, yn yfed te 'da Ceridwen...' Trodd y dail yn ei chwpan. 'Fe ddei di. Paid ti becso. Fe ddei di.'

Syllodd y ferch yn fud arni. Doedd ganddi ddim amgyffred. Roedd ei chorff i gyd ar dân i ddianc. I ble? Wyddai hi ddim.

Heb ddweud gair o'i phen gallai Ceridwen 'weld' y cwbwl. Gallai ei darllen heb yngan yr un gair. Parodd y ferch i syllu'n fud o'i blaen fel creadur wedi rhewi. Gwelodd y ddamwain yn nhywyllwch ei meddwl. Nodiodd Ceridwen. Roedd wedi gweld digon. Cododd a cherddodd ar hyd y llawr carreg i ddrws y cwpwrdd cornel. Ymestynnodd am botyn bach o eli sandalwydd; cododd ef i'w thrwyn er mwyn goleuo'r düwch o'i llygaid. Rhwbiodd ef ar ei garddwrn a llyncodd ei flas. Eisteddodd tawelwch rhyngddynt am gyfnod. Tawelwch lletchwith. Tawelwch llawn poen.

'Oes hast arnot ti?'

Syllodd y ddwy ar ei gilydd. Rhyw fesur adnabod. Mentrodd eto.

'Meddwl o'n i, os nag oes hast arnot ti allen i ga'l dy help di i lanhau'r gwter 'co ben ucha'r clos. Mae'n llanw. Erbyn ddaw'r bore byddwn ni lan at ein bogle fan hyn. Dyddie o law mowr ac mae'r gabwsh a'r stecs yn clymu yn ei gilydd. Rial mochyn o beth. Jobyn i ddyn yw e ond... does dim un o'r rheini i ga'l 'ma... heddi.'

Llyncodd y ferch y te melys a nodio. Wrth gwrs y gallai. Doedd ganddi'r un man arall i fynd.

'Benna di dy de gynta, sdim hast ryfedda... Dyna sy'n digwydd wrth godi tŷ mewn pant. Hen dŷ, cofia. Hen, hen dŷ hefyd.'

'Chi 'di byw 'ma ers sbel?' Daeth y llais yn annisgwyl. Swil hyd yn oed. Llais tawel.

Lledodd gwên ar draws wyneb Ceridwen. Peth braf oedd diddordeb a chael cyfle i ddweud eich hanes wrth rywun heblaw'r filgast.

'Na, ddim ryw sbel fowr. Wy ddim yn un o'r bobol 'ma sydd yn stico'i mas achos bod eu cyndeidiau nhw wedi neud. Na. Dod yma o ddewis wnes i. Dod yma… falle… fel ti.'

Suddodd pen y ferch. Esgusodd yfed gweddillion gwag y cwpan yn ei dwylo.

'Oes enw 'da ti, gwed? Ceridwen dwi… ond falle dy fod di'n gwbod hynny'n barod.'

'Awen,' meddai hithau, ei llygaid yn glaf a'i gwallt yn gysgod dros ei hwyneb.

Y noson honno fe weithiodd y ddwy yn ddiflino i wacáu'r gwter oedd lan at y glannau. Hen wellt, hen frigau, glaw diddiwedd yn cordeddu'r cyfan yng nghulni'r bont fach a redai ben uchaf y clos. Roedd Ceridwen wedi meddwl cael trefn ar bethau rhwng cawodydd. Ond doedd dim modd rheoli natur, roedd cloc hwnnw'n mynd ar ei gyflymder ei hun.

Roedd gweld Awen yn ei hen got yn ei hatgoffa ohoni hi ei hun. Yn fain a chyhyrog. Yn ifanc a hyder ym mhob symudiad. Hyder wedi ei glwyfo. A'r llosgiad, roedd gan hwnnw ryw bŵer drosti. I'w thynnu'n fach ac yn feichus. Cododd y rhaw. Ymestynnodd hithau am y bwced. Anogodd hi i'w lanw. Roedd rhaid crafu'r cyfan er mwyn datod yr holl glymau. Fel hynny hefyd byddai'r ferch yn gwella. Codi'r brigau bach o ddolur, datod y rhaeadr dagrau a'i gadael i gyd i orlifo dros lannau ei chalon. Anadlodd. Y gwaith cychwynnol oedd y gwaith gwaethaf. Ebychodd. Byddai nifer yn danto cyn dechrau. Gwyddai hynny o brofiad. Ond roedd rhyw ystyfnigrwydd yn perthyn i hon a ddwedai fod gobaith. A gobaith oedd popeth i un heb obaith. Rhaeadrodd y glaw dros eu hwynebau, ac yn y dieithrwch newydd daethant i ddeall ei gilydd. Roedd rhaid cael yr afon frwnt i redeg cyn i'r llif ddod yn agosach i galon y tŷ.

'Faint wyt ti, gwed?'

'Un deg chwech.'

'Wyt ti'n gyfarwydd â gwaith mas?'

Diferodd y glaw yng ngolau gwan y dortsh. Ebychodd y ddwy. Teimlodd Ceridwen y dŵr yn llifo i lawr ei chefn. Teimlodd y ferch hynny hefyd.

'Dod 'ma i fagu jiogi wnes i,' chwarddodd yr hen wraig. 'Rhyw ugen mlynedd 'nôl. Meddwl cael bach o hoe, newidieth. Fues i'n bowdwr ac yn baent ar un adeg, er mae'n anodd credu hynny nawr.'

Syllodd llygaid claf arni, ei dillad yn ddi-raen, ei chroen yn goch, ei gwallt wedi ei dynnu'n ôl heb ddim ffrils. Edrychai'n rhan o'r tirwedd. Yn galed. Yn oer. Ond yn hon gwyddai fod gobaith gwella.

Nodiodd y ferch. Roedd y ddwy yn wlyb domen erbyn iddyn nhw gael yr afon fach yn ôl i'w gwely. Ac wrth gerdded am y tŷ â'r diferynion diflas yn eu golchi, teimlodd Awen ryw awgrym o iachâd am y tro cyntaf ers misoedd. Doedd ei golwg yn cyfri dim fan hyn, ddim yn cyfri o gwbwl. Ac eto, cofiodd am adeg pan oedd ei golwg yn bopeth.

'Gei di aros 'ma os lici di. Gallen i neud y tro â bach o help.' Edrychodd y ddwy ar ei gilydd. Un yn glaf a'r llall yn gall. Ceridwen y wrach yn fyw o hyd. Wyddai Awen mo'i chyfrinachau na'i swynion, ond roedd rhyw dynfa wedi dod â hi yma. Tynfa y tu draw i reswm. Tynfa i ddianc.

'Dod i fynd ar goll wnest tithe hefyd,' meddai'r hen wraig.

Safodd y ferch yn fud. Ie, meddyliodd Ceridwen, er mwyn cael dod i glawr yn holliach.

Sinsir
(zingiber officinale)

Gwreiddyn defnyddiol.
Gwrthfeirws, gwrthfeiotig.

Gellid ei roi mewn te. Torra yn fân.
Llesol i godi'r galon, i wella gwddw tost,
i setlo'r stumog. Gosoda mewn cwpan copr.
Dŵr twym/claerdwym.

*

Copr.

*

40%C sain uchel bersain – fforc diwnio.

DIANC

ROEDD YN RHAID iddi ddianc. Allai ddim edrych am yn ôl. Gallai dyngu iddi glywed sŵn. Sgrech? Bloedd? Fe oedd hwnna, yn siŵr ichi. Rhedodd. Ffrwydrodd ei mynwes yn wreichion o ofn. Mynnai fynd gam ymhellach cyn ildio i flinder ei choesau. Rhedodd dros y cerrig mân a'r cerrig mwy. Teimlodd wlybaniaeth y pridd wrth iddi ddringo'n ôl am yr hewl. Doedd ganddi ddim syniad lle roedd hi. Ond roedd rhyw lais yn dweud wrthi am ddringo. Dringodd. Llwydodd y cwm. Yn ddu-lwyd. Ei chroen hefyd yn gymylau, yn gleisiau yn yr oerfel. Teimlodd gynhesrwydd croen ei hwyneb. Y cyfan yn llosgi. Llosgi fel gwreichion bach o dan y croen. Un llygad werdd. Un llygad las.

Trwy berfeddion nos; dyma'r pethau gariodd gyda hi – macyn papur, hen bacyn *chewing gum*, ffôn. Oedodd yn y glaw. Arhosodd tan bod y byd i gyd wedi'i olchi yn y glaw.

Tynnodd ei ffôn o'i phoced. Gwell fyddai iddi gael ei wared. Os oedd hi i ddianc go iawn, byddai'n rhaid iddi ei waredu. Cydiodd mewn carreg. Chwalodd hi. Feiddiai'r un ohonyn nhw ddod o hyd iddi nawr. Taflodd y ffôn i'r afon islaw a dechreuodd ddringo eto. Rhaid oedd iddi ddilyn y llais bach yn ei phen. Daeth y tywyllwch yn olau ar ôl iddi gyfarwyddo. Ac wrth gerdded a cherdded o gysur pridd i darmac, golau stryd, pafin, gwter, daeth i dywyllwch yr hewl mas o'r dre. Cerddodd am oriau. Teimlodd y cyfan yn rhaffu drwy ei gwythiennau. A nawr, heb yn wybod iddi, roedd ar ei phen ei hun, ymhellach mas o'r dre nag roedd wedi disgwyl bod.

Trodd ei phen. Miniogodd ei chlustiau. Na? Dim ond awel y gwynt…

Rhaid oedd rhedeg.

Deffrodd Awen. Roedd y gwely'n ddieithr. Dim ond ail-fyw neithiwr. Gallai deimlo croen ei hwyneb yn poethi. Cododd a gwelodd adlewyrchiad o'r peth 'ma, y wyneb 'ma, y croen 'ma, yn ddieithr hyll. Tynnodd y gwallt yn ôl i weld yr olion llosg ar ei boch.

Teimlodd nadredd ei phoen yn clymu'n ei hymysgaroedd. Pam nad oedd hi wedi dianc go iawn? Gwelodd fod yr hen wraig wedi rhoi dillad glân iddi ar gefn y gadair ger y drws. Cododd a'u gwisgo, gan arogli cymysgedd o oglau cwpwrdd a mwg. Gwisgodd nhw. Claddodd ei gofidiau ynddyn nhw.

Aeth yn ôl at y drych. Cydiodd mewn hen frwsh gwallt arian a'i godi at ei llygaid. Hen flew melyn hir. Meddyliodd am eiliad am ei ddefnyddio, ond doedd dim pwynt. Roedd y llosgiadau wedi codi gwallt ei phen fan hyn a fan draw. Syllodd ar y swigen fawr ar ei boch. Byddai'n siŵr o adael ei hôl. Cydiodd yn y capan gwlân. Capan wedi ei wau â llaw. Gwisgodd e. Roedd yr hen wraig wedi bod yn brysur. O dan y cyfan roedd pot o eli. Agorodd e. Yn dyner lledaenodd yr eli dros y swigen ar ei boch. Teimlodd hi'n llosgi ac yn lleddfu.

Allai ddim clywed neb yn y tŷ. Clustfeiniodd. Gallai glywed y glaw yn taro'n galed yn erbyn y ffenest fach. Gallai arogli'r mwg o'r tân yn y stof yn dringo araf i fyny'r grisiau. Aeth yn ôl i ddiogelwch y gwely a syllu'n fud ar y papur wal.

'I be ddiawl wnes i ddod fan hyn?' meddyliodd. Caeodd ei llygaid ac esgus cysgu. Teimlai ei chorff yn llawn gwendid. Allai hi ddim mynd 'nôl.

Mae'n rhaid ei bod wedi cysgu. Roedd ar goll i gyd. Neidiodd o'r gwely ac roedd ar fin symud am y drws, pan y'i gwelodd hi. Ceridwen.

'Sdim ise i ti ga'l ofan. Wy wedi dod â te i ti. Gorwedda di...' Cerddodd ati yn nhraed ei sanau a gosod y cwpan cynnes ar bwys y gwely bach. 'Falerian a bach o gamomeil... rhywbeth i ymlacio.'

Syllodd arni am gyfnod heb ddweud yr un gair. Cododd ei llaw ati i ateb y panig yn y llygaid dieithr. Un werdd. Un las. Mentrodd gam yn agosach ati. Esgusodd dynnu dwst o ffrâm y llun ar y wal. Llun priodas mewn sepia. Sythodd ddarlun arall, un bach mewn ffrâm aur wedi ei glwyfo. Cododd gornel ei siwmper a thynnu hanner cylch o ddwst o'r drych.

Syllodd Awen arni. Gallai deimlo rhyw gysur yn ei chamau.

'Chi siŵr o fod yn meddwl 'mod i off 'y mhen... yn dod ffor' hyn. O'n i ddim yn gwbod ble arall i fynd. Roedd rhyw lais yn 'y mhen i'n galw... yn gweud wrtha i am redeg... mas o'r dre. Alla i ddim mynd 'nôl. Byddan nhw'n chwilio amdana i...'

Safodd Ceridwen â'i chefn ati. Arafodd ei symud. Tynnodd anadl. Gallai ddarllen y cwbwl. Ond weithiau roedd hi'n iachâd i'r un oedd yn dweud i gael gwneud hynny.

Trodd Ceridwen, ei gwallt wedi britho a'i chroen heb ddim paent.

'Wy'n dy nabod di.'

Tasgodd llygaid Awen, ei phanig yn llosgi hôl.

'Roedd dy fam-gu a fi'n ffrindie mowr... flynydde 'nôl...'

Synnodd Awen. Roedd atgofion yn bethau peryglus. Gwell oedd eu claddu na'u cofio. Culhaodd ei llygaid. Oedd hi'n cofio? Rhywle yn labrinth ei chof? Rhywle?

'Ti'r un ffunud â hi. Dy fam-gu yn haden... flynydde 'nôl. Cwmni da. Ma Ceridwen yn gwbod pwy wyt ti... wy ddim yn amal yn drysu, wir i ti,' meddai'r wraig, a gwên fach yn melysu ei gwefus. Syllodd Awen yn fud arni. Roedd ei mam-gu yn perthyn i ryw orffennol pell. Fentrai ddim meddwl amdani bellach. Rhaid oedd ymdopi â chaledi. Doedd dim lle i atgofion merch fach na chwaith i frawl hen wraig am ddyddiau da. Caledodd wyneb Awen. Trodd oddi wrth Ceridwen. Diawlodd ei hun am feddalu digon i adael i ryw atgof diwerth ei thagu am eiliad.

'Ma hi fan hyn nawr,' meddai'r hen wraig. 'Mae fan hyn ar waelod y gwely...'

Tasgodd Awen eilwaith mewn ofn. Gwyddai fod rhywbeth yno yng nghornel ei llygad, yng nghysgod y golau, mewn pelydryn. Ond haws dweud mai dychmygu roedd hi.

'Mae'n cadw llygad arnot ti,' swynodd yr hen wraig, a'i llais yn dawel, gynnes.

Tynnodd y ferch ei choesau yn dynn amdani. Lledodd ton o gryndod drosti.

'Dim ond daioni, dim ond cysuro. Sdim ise i ti ga'l ofan. Gwed wrthi am fynd ac fe eith hi. Mae wedi gweld dy eisie di.' Trodd y wraig i'w hwynebu. 'Fe wellwn ni'r llosgiadau 'na mewn dim. Fe wellwn ni. Bydde dy fam-gu'n siarad amdanot ti rownd abowt... straeon amdanot ti. Ti oedd ei byd hi. Bydde hi wedi rhoi'r byd i dy gadw di...'

Hiraethodd Awen amdani. Gallai deimlo crac bach arall yng nghaledwch ei chalon.

'Sdim ise i ti fod ofan ysbrydion. Ma nhw 'ma ym mhobman. Hen gwmni da. Bydda i'n cael clonc 'da nhw'n amal. Gweud lot o wirionedde wrtha i!'

Torrodd Awen ar ei thraws a'r ofn yn sgrech ar ei gwefus.

'Beth os ddown nhw ar fy ôl i? Beth os...? Wy ddim yn mynd 'nôl.' Saethodd y geiriau o'i cheg. Pob un yn getrisen lawn. 'Alla i ddim mynd 'nôl, wir i chi! Bydde well 'da fi farw na mynd 'nôl!'

Cododd Ceridwen ei llaw yn dyner a'i gosod dros ei thalcen. Allai hi ddim addo hynny iddi. Daliodd ei dwy law yn dyner ar ei phen. Caeodd ei llygaid a galw ar ddaioni i gario'r drwg oddi wrthi.

'Sht nawr. Bydd amser 'da ti i gryfhau. Fe wnewn ni'n gore.'

Gosododd y ferch i orwedd yn dawel ar y gwely. Tynnodd y garthen dros ei chorff bach bregus.

'Gorwedda di. Os wyt ti'n teimlo fel llefen, yna llefa... Ffordd yr enaid o siarad. Os wyt ti'n glaf, yna mae lle i wella. Dim ond neud lle i wella ma'r dagrau, dyna i gyd. Fyddwn ni ddim yn hir. Aros di nawr. Cario'r llifeiriant drwy'r corff. Weithie ma dolur yn cael ei gaethiwo yn y corff. Hen beth gwael yw hynny. Ma'n rhaid i ti'i symud e. Caea dy lyged os ti moyn. Ti'n saff fan hyn, yn y coed, ymhell o bob man... Ma Ceridwen 'ma nawr. Paid ti becso dim amdanyn nhw.'

Gadawodd Ceridwen iddi gysgu. Roedd cwsg yn llesol. Cerddodd heb sŵn i dro'r stâr a lawr i'r gegin fach. Gallai glywed y frân yn crafu o hyd. Hen grafu tawel mewn lludw. Aeth yn nes at wal y shimne a chlustfeinio. Meddalodd. Ebychodd. Ysgydwodd ei phen. Byddai'n rhaid ei chael oddi yno. Allai hi ddim dioddef gweld creadur yn dioddef. Brân ynta. Cyrcydodd er mwyn cael gweld faint o ffwdan fyddai i agor twll yn y wal er mwyn cael ailagor y shimne. Diawlodd ei hun am fod mor galon-feddal. Pe bai'r creadur wedi marw neithiwr byddai pethau wedi mynd yn ôl trefn natur. Ond roedd gwybod y gallai helpu a phenderfynu peidio yn mynd yn groes graen. Gosododd ei gewin ar galedwch y concrid. Dechreuodd friwsioni. Cafodd afael mewn cyllell boced a dechreuodd grafu. Crafodd y fricsen tan ei chael yn rhydd. O'r fan honno rhyddhaodd y tân trydan o'i le. Tynnodd ef oddi yno. Llusgodd ef i'r ochr. Cofiodd ymfalchïo nad oedd angen iddi garto coed i gynnal gwres yn y stafell hon. Roedd tân esgus wedi gwneud y job yn iawn. Tynnodd y cwbwl oddi yno. O'r fan honno gallai weld y brics newydd ac o gael un yn rhydd, gallai ryddhau un arall, ac o dipyn i beth un arall wedyn nes bod sgwaryn diogel yn rhydd. Eisteddodd am eiliad. Clustfeiniodd am y frân. Doedd dim sôn amdani.

Cododd yn araf er mwyn ymestyn am dortsh. Tywynnodd honno i'r twll yn y wal. Syllodd. Clustfeiniodd eto. Na, dim sŵn. Disgwyliodd glywed sgathriad fach yn y lludw neu adain denau yn codi gobaith o weld llygedyn o olau. Ond ddaeth dim.

'Diawch erio'd, ar ôl i fi ffwdanu, glei...' crawciodd Ceridwen. Diawlodd eto. Methai ddeall. Yn ei rhwystredigaeth cododd y briciau a'r simént a'u taflu i'r bwced glo. Aeth yn fawreddog am y drws. Doedd ganddi ddim amynedd i'w hailosod. Syllodd ar yr annibendod – y tân trydan a'r twll yn y wal.

Camodd i'r awyr agored a llyncu awyr wlyb Chwefror. Y

coed a'u canghennau yn llusgo'n y gwynt. Clymodd ei gwallt hir brith mewn cwlwm cyn troi i syllu ar y shimne. Diawlodd eto. Trodd i gyfeiriad y crawc ar ben y to ac yno fel brenin, safai'r frân i grawcian ar ei phen.

Rhag dolur yn y cymalau

697. Cymer ychydig o hen gwrw da,
ac ychydig o greifion cwyr neu fêl a
berwa nhw tan eu bod yn dew a dod
nhw wedyn ar gadach. Rho nhw wrth
y dolur i'w wella.

*

Rhag annwyd

699. Cymer beth iorwg a chymysga
fe'n galed â gwin. Hidla fe, cyn ei yfed
– llwyaid neu ddwy bob awr neu pan
fydd syched arnat.

*

Dŵr ffynnon – dŵr oer croyw. Llesol i gadw
annwyd draw. Golcha ynddo'n ddyddiol.

BREUDDWYD

'WEDI DOD â dŵr i ti. Dŵr a tost. Wyt ti'n dost? Teimlo'n iawn i fyta? Pen tost? Na? Ofan. Wrth gwrs, mae ofan yn naturiol. Ofan marw. Ofan byw. Dere di, ddei di'n well. Cer i'r tŷ bach. Beth am fynd am wâc fach pnawn 'ma? Sdim hast. Cymer di dy amser. Sdim ras i ddim byd. Angen cryfhau, angen i ni weithio drwy'r cwbwl. Dere di lawr pan ti'n barod.'

'Mae'n amser cinio. Ti'n meddwl alli di fyta? Tam bach o gawl, dere… Llwy bren a basyn, jyst fel bydden ni'n neud flynydde'n ôl. Cawl cennin, cennin o'r ardd. Fe adawa i e fan hyn… Popeth yn iawn. Byta di pan ti'n barod.'

'Dere i ni gael gweld shwt flas gest ti ar y te… O, heb fyta dim. Sdim ots o gwbwl. Ma stumog wag yn gwbod pryd mae ise bwyd arni. Cadwa di'n gynnes, fe ddo i â bach o swper i ti yn y man…'

Rhwng cwsg ac effro dychmygodd y ferch glywed llais ei mam-gu. 'Mam-gu,' meddai a lledodd gwên dros ei hwyneb. Roedd hi yno gyda hi. 'Mam-gu,' chwarddodd yn ei chwsg, a gallai weld ei dwylo'n dyner ar ei hysgwydd. Gallai deimlo ei llais fel swyn yn lleddfu'r tywyllwch. Roedd hi adre gyda hi yn ddiogel, ac roedd ei mam-gu yn ifanc ac yn iach. Gallai ofalu amdani. Gallai aros wedi'r cyfan.

'Alla i aros, Mam-gu, 'da chi? Alla i, Mam-gu? O! Mam-gu, gredech chi byth lle wy 'di bod... O'n i'n meddwl bo' chi ddim moyn fi ragor... Wedes i wrthyn nhw... Wedes i wrthyn nhw alla i aros gyda Mam-gu. Mae digon o le. Alla i ddim aros fan hyn, Mam-gu, wy ddim yn nabod neb. Wy 'di gwlychu'r gwely, Mam-gu. Maen nhw'n chwerthin ar fy mhen i. Maen nhw'n gweud bod merched deg oed yn ddigon hen... yn ddigon hen, Mam-gu. Ond wy ddim moyn, Mam-gu. Wy ddim moyn mynd 'da nhw. Wy ddim moyn gwlychu'r gwely. Wy ddim moyn bod fan hyn. O, Mam-gu, wy mor falch i fod gatre 'ma, 'nôl 'da chi... Wedes i ddelech chi i'n hôl i, wedes i hynna wrthyn nhw, bob un o' nhw. Y merched erill yn cnoi a poeri a finne'n meddwl, sdim ise i fi fod fan hyn. Nag oes e, Mam-gu? Gwedwch wrthyn nhw galla i adael. C'mon, Mam-gu, gwedwch wrthyn nhw...'

'Wrth gwrs galli di, 'mach i.' Deffrodd eto.

Wyddai hi ddim lle roedd hi. Wyddai hi ddim wrth bwy ddeuai'r llais. Allai hi ddim gweld neb yn nhywyllwch y stafell fach, yn y gwely dieithr. Gwely cynnes, gwely saff. Aeth yn ôl i gysgu a gwrando ar y llais bach yn pellhau a phellhau. Tan bod dim ar ôl ond...

'Dŵr i ti wrth y gwely. Tria yfed i ti ga'l gwella. Na, does neb 'ma, dim ond Ceridwen. Cysgu? Ie, cer di i gysgu. Fe ddaw gwellhad o gysgu. Fe gadwn ni'r golau mla'n i ti, ddaw neb ar dy ôl di, wy'n addo.'

'Ddôn nhw ddim fan hyn... Chawn nhw ddim, na, Mam-gu? Chawn nhw ddim dod. Gwedwch hynny, Mam-gu. Wy'n lico'ch llais chi, Mam-gu. Ma fe'n teimlo fel gatre i fi... a ni'n bwyta swper a chi'n dawel a ma cnoc ar y drws a menyw neis neis yn gweud wrtha i i gasglu 'mhethe, bod dim disgwyl i hen fenyw fel chi ofalu amdana i. Bydd 'na le gwell i fi, achos 'na be sy ore i ferched fel fi... a falle fydda i ddim yn hir cyn ffindo cartre bach arall, gyda theulu bach reit... Ond wy ddim moyn mynd i unman, gwedwch wrthyn nhw, Mam-gu. C'mon, Mam-gu, gwedwch wrthyn nhw...'

'Ceridwen sy 'ma... wedi dod â cwpaned o de. Na, sdim byd drwg ynddo fe. Bach o wreiddyn rhyw blanhigyn. Dim blas cas. Rhywbeth i dawelu ti, tu fewn. Pan ddei di lawr fe weli di dros dy hunan shwt wy'n ei ferwi fe. Codi'r cwbwl yn yr ardd. Ie, yr ardd tu fla'n tŷ. Cymer hon. Carreg fach biws. Amethyst. Cadw hi amdanot ti. Un dy fam-gu oedd hi.'

Syllodd Ceridwen arni'n hir. Gallai weld ei bod wedi cysgu'n drwm. Ymfalchïodd o wybod ei bod wedi yfed y te. Digon i'w chael i gysgu beth bynnag. Roedd ei chroen yn welw a'r chwys yn oer ar ei thalcen. Trwmgwsg wedi gwau amdani a dim ond ambell waedd fel rhediad yn y gwlân. Gwaedd fud. Cwsg, cwsg, hen ffrind. Dere.

'Cysga di...' Cododd Ceridwen, gan fynd yn ifanc ei throed am y drws. Roedd ei chynllwyn yn gweithio. Fyddai hi ddim yn hir cyn talu'r ddyled yn llawn.

Un cam ceiliog ar y tro, gwelodd Ceridwen y dydd yn ymestyn. Aeth am i lawr ac allan i'r llwydnos.

Cerddodd yr unigeddau, gan deimlo dyrnau'r oerfel yn duo ei gwefus. Cerddodd yn gyflymach. Gallai deimlo rhyddid y caeau o'i blaen. O, am le! Crafangodd ei bysedd. Cyrhaeddodd bellter diogel o'r tŷ a theimlodd natur yn swyno'i gwythiennau, yn llanw'r hyn oedd hi go iawn. Rhyddhaodd ei hun o'i dillad a chodi'n hebog i'r awyr. Ymestynnodd ei hadenydd am gerrynt y gwynt ac yng nghysgod y mynyddoedd llifodd islaw'r cymylau. Yn gynt a chynt, arnofiodd ar wyneb y gwynt a theimlo ffrwd fach o ryddid yn golchi drosti. Galwodd, a'i chri yn llanw'r cwm.

Hi pia'r erwau digwmwl. Ceridwen graff.

I beri cwsg

773. Med y lili tra bydd yr haul yn arwydd y llew, a chymysga â'r sudd a elwir llarwydden (laurel) ac yn Lladin lawrws. Rho nhw mewn dom tan iddynt fagu pryfed. Cymer y mwydod hyn a thro nhw yn bowdwr. Gosod y powdwr hwn wrth wddw'r claf neu yn ei ddillad, ac ef a gwsg nes ei dynnu oddi yno.

*

528Hz

CYFARTH

CODODD Y FILGAST ei phen o draed y gwely. Syllodd ei llygaid cyfarwydd. Doedd hi ddim am godi ofn ar y claf. Gallai deimlo ei chorff yn troi a'r dillad gwely yn symud o un ochr i'r llall. Edrychai'n ddwys arni, ei llygaid bron yn ddynol. Neidiodd o'r garthen. Aeth am y drws, fel pe bai'n ei hannog i ddilyn. Safodd yno.

Cododd Awen ar ei heistedd. Daliodd gip sydyn o'i hadlewyrchiad yn y drych. Y graith yn goch.

Newidiodd ei dillad yn dawel o'r pentwr newydd ar y gadair fach. Trowser, crys cynnes, siwmper wlân, sanau, dillad isaf. Trodd ei gwallt mewn dwrn a'i glymu'n anniben ar ei chorun. Cafodd afael yng nghornel y crys a sychodd o dan ei llygaid, lle rhedai llinell frwnt o golur. Bellach allai weld dim ond y patrwm llosg ar hyd y croen. Ei hael chwith wedi troi fel croen clai. Croen wedi ei bwtsio a'i gymhennu a'i droi'n hyll.

Drwy'r ffenest clywodd sŵn car yn agosáu. Curodd ei chalon. Rhedodd ofn fel afon drwyddi. Dyn. Dynion. Dau ddyn mewn dillad tre yn sefyll ar y clos. Un yn troi i edrych am y tŷ, y llall yn troi am y sgubor. Teimlodd ei cheg yn sychu, ei gwaedd yn rhewi yn ei chorn gwddw. Allai hi ddim dianc. Ble roedd Ceridwen? Ble roedd hi?

''Ave a look in the shed,' meddai un. Cododd y llall ei law i'w drwyn a rhwbio ei ên. Gyda'r llaw arall aeth i boced ei got a thynnu sigarét oddi yno. Cynnodd hi a thynnu'n ddwfn arni. Syllodd Awen ar y cochni yn wincian arni, ei thu mewn ar dân.

'She must be here somewhere… there's no rush,' meddai'r tewaf o'r ddau, ei wyneb cyfarwydd heb ei eillio. Cerddodd gam i flaen ei gar. Doedd dim brys. Teimlodd fryntni'r clos yn sarnu ei esgidiau. Tynnodd ei ffôn o'i boced. Diawlodd am nad oedd signal. Sychodd ei wyneb, fel pe bai'n dweud ei fod wedi gwastraffu digon o amser yn barod. Trodd yn ôl i'r car ac ymestyn am ei gwpan coffi. Yfodd hwnnw'n oer. Cwpan papur. Coffi drud. Dyn o'r dre.

'Silly girl,' meddai.

Croesodd hen wên frwnt ar hyd ei wyneb. Dyn heb gydwybod. Aeth i grwydro o amgylch y car a mentro gam yn agosach at yr hen dai mas. Lle da i dyfu canabis, meddyliodd. Digon pell o bob man. O gornel ei lygad gwelodd hen fwyell ar blocyn pren. Tynnodd hi'n gadarn o'r clwyf. Byseddodd ei hawch. Croesodd y wên unwaith eto. Meddyliodd am dorri coed bach yn ei blentyndod. Ha! Dyddiau da. Meddyliai bellach am ddefnydd arall i'r fwyell. Ie, dyddiau da.

Saethodd llygaid y tewaf o'r ddau at ffenest ei stafell wely. Rhewodd. Allai ddim mentro symud. Teimlodd ei chalon eto ar garlam. Byrhaodd ei hanadl. Beth petaen nhw'n dod i'r tŷ? Wedi dod i'w nôl oedden nhw. I'w chosbi. Ie, roedden nhw yma i'w chasglu fel parsel pen-blwydd a'i rhoi fel aberth iddo. Allai ddim mynd 'nôl. Byddai'n well ganddi farw na hynny. Allai fyth. Byddai'n rhaid iddi ymladd am ei bywyd. Edrychodd o'i hamgylch, doedd yr un arf ganddi. Beth am y ford fach? Na. Beth am y drych? Gallai chwalu hwnnw a gwasgu llafn i ganol eu gyddfau. Teimlodd gasineb yn golchi drosti. Na. Bydden nhw'n rhy gryf iddi. Gallai wneud niwed, ond fyddai hynny ddim yn ddigon i'w lladd. Un efallai? Gallai ladd Cwlffyn. Ond byddai Dyrnau yn rhy gryf iddi. Roedd hi'n adnabod y ddau mor dda erbyn hyn. Yn rhy dda o lawer. Crynodd. Safodd yn ei hunfan, yn syllu drwy'r ffenest. Oedd e wedi ei gweld hi?

Na, pe bai wedi ei gweld, byddai wedi dringo'r grisiau cyn iddi ddweud Amen. Ac eto, allai hi ddim bod yn hollol siŵr o hynny. Ceridwen. Ble roedd hi? Rhaid iddi symud. Camodd Awen yn araf am yn ôl. Drws. Gallai fynd am y drws. Edrychodd i bob cyfeiriad am le i guddio. Cwpwrdd dillad? Drws? Tu ôl i'r drws? Gwely? Dan y gwely? Dim croten fach oedd hi. Dim gêm chwarae cwato oedd hyn chwaith. Cafodd afael mewn lamp. Lamp gryf â choes bren. Teimlodd y dagrau yn corddi. Clywodd leisiau yn agosáu at y drws a'u lleisiau yn cordeddu yn ei gilydd. Curiad. Dyrnau ar bren. Clywodd yr ast yn cyfarth. Cyfarth. Cyfarth.

Ac yna o rywle clywodd daniad. Safodd yn ei hunfan. Ei llygaid fel dwy bêl. Ceridwen? Clywodd ryw ansicrwydd yn llais y ddau ddieithryn a chyda hynny, llais Ceridwen. Clywodd rywbeth am 'Enquiries...' Heddlu? 'Accident.' Na, doedd pethau ddim yn taro deuddeg. Gwyddai'n iawn mai twyllo roedden nhw. Byddai Ceridwen yn siŵr o wybod hynny hefyd. Fe oedd y tu ôl i hyn i gyd. Ei ddynion e oedd y rhain, heb amheuaeth. Doedd hi ddim yn saff fan hyn rhagor. Byddai'n rhaid iddi fynd. Dianc eto. Ond i ble? Roedd ganddyn nhw lygaid ym mhobman. Llithrodd i'r llawr a'i dwylo'n cydio'n dynn am goes y lamp. Roedden nhw'n dod i'w hôl hi! Er mwyn ei chaethiwo unwaith yn rhagor. Na! NA! Teimlodd ei hwyneb. Rhybudd oedd hwn. Byseddodd ôl y clais hyll ar hyd ei boch. Cofiodd yr artaith. Y boen. Byddai'n well ganddi farw na mynd 'nôl. NA! Naaaa!...

Yn y düwch, agorodd ei llygaid. Ble roedd hi? Roedd hi'n nos... Pa adeg o'r nos? Na, allai fyth â bod yn hunllef. Roedden nhw yno… yn bendant. Mentrodd godi o'r gwely. Cymerodd gip drwy grac y llenni. Roedd hi'n nos. Oedd. Yn noson frwnt. Doedd dim sôn am y dynion. Lledodd hanner rhyddhad drwyddi. Gallai anadlu. Na, mae'n rhaid ei fod yn wir. Roedden nhw yma. O flaen y tŷ, yn chwilio amdani. Roedd ei chalon ar dân o hyd, ei stumog yn garreg. Trodd i gyfeiriad y drws. Oedd, roedd hi'n ddiogel. Roedd hi'n ddiogel.

'Ceridwen?' Carthodd ei gwddw a mentrodd eto. 'Ceridwen?'

Doedd dim sôn amdani. Teimlodd ei chorn gwddw yn sych. Mentrodd agor drws ei stafell wely. Gallai weld cysgodion ar hyd a lled y coridor byr a arweiniai o un stafell i'r llall. Tair stafell wely ac un stafell molchi. Sylwodd ar y to isel a'r styllod pren yn y golwg. Hen le. Hen gartref. Clywodd yr hen gloc tad-cu lawr stâr yn canu ddwy waith. Gallai dyngu nad oedd wedi cysgu gymaint â hynny. Ond mae'n rhaid ei bod hi wedi cael gafael mewn cwsg. Rhaid ei bod wedi cysgu'n drwm, cyn cael ei deffro o'r hunllef. Rhedodd y meddyliau tywyllaf drwy ei meddwl ganwaith. Beth os ddown nhw'n ôl? Beth os nad breuddwyd oedd hyn? Beth os mai rhyw broffwydoliaeth oedd hyn? Neges o'i henaid i'w hatgoffa i gadw ar ddihun? I fod yn wyliadwrus.

Clywodd sŵn. Rhaid mai Ceridwen oedd yno. Cerddodd yn araf ar hyd y coridor a draw i'w stafell wely. Gwasgodd glicied y drws a'i agor yn araf. Clustfeiniodd am sŵn anadlu. Doedd hi ddim am alw ei henw rhag ofn iddi godi ofn arni. Clustfeiniodd am gyfnod. Doedd neb yno. Mentrodd yn agosach at y gwely. Roedd y gwely yn wag, heb ôl yr un corff ynddo. Gosododd ei llaw ar bant y gwely. Roedd hwnnw'n oer.

Mae'n rhaid ei bod wedi cysgu lawr llawr. Mentrodd gamu

tuag at dro'r stâr. Clustfeiniodd eto. Sŵn chwyrnu'r filgast. Edrychodd am eiliad i gyfeiriad y ffenest fach a edrychai allan ar y clos oddi tanodd. Camodd tuag ati. Gallai weld y lleuad yn cuddio y tu ôl i gwmwl hir. Cwmwl hir fel barf hen ŵr. Un llygad fawr y lleuad yn syllu'n fud. Y clos wedi ei rewi mewn cysgodion. Gwelodd fil o sêr. Planedau pell yn wincian arni, ei chymell i syllu'n hir a hithau'n ddim ond sbecyn bach dibwys ar wyneb amser.

Aeth am i lawr, ei thraed noeth yn sugno'r oerfel o'r llawr digarped. Rhewodd am funud. Roedd cwningen yn gorwedd yn llipa ar y ford. Ei llygaid yn syllu heb weld dim. Mae'n rhaid bod yr hen wraig wedi bod yn hela. Teimlodd ffieidd-dod at y creulondeb. Creadur bach gwan, y croen yn berffaith heblaw am un marcyn bach wrth ei gwar. Ôl gewin efallai. Trodd am yn ôl heb ddisgwyl gweld dim mwy. Roedd lamp fach ynghyn a thywynnodd ei golau gwan dros y sgiw a'r stof, ac yno'n euog roedd Ceridwen. Neidiodd ei chalon.

Clymodd ei geiriau yn ei cheg. Roedd hi'n eistedd yn ei chadair freichiau, ei llygaid yn syllu'n ddieithr. Symudodd hi ddim. Teimlodd yr hen ofn yn rhwygo drwy ei stumog. Oedd hi wedi marw? Syllai Ceridwen fel delw, ei llygaid yn ddu ac yn ddisymud. Cerddodd y ferch yn agosach ati, gam ar ôl cam. Ymestynnodd ei llaw tuag ati er mwyn teimlo ei chroen, a phan oedd o fewn modfedd i'w boch, deffrodd Ceridwen.

'Hy! Haloch chi ofan arna i! O'n i'n meddwl bo' chi'n... cysgu.'

'O!' ebychodd Ceridwen, ddim callach. 'Mynd am dro bach wnes i... Dim ond clapian fy llyged am awr fach. Ie, fel'na fydda i. Dim byd i ti boeni amdano. Neis dy weld di ar dy dra'd. Teimlo'n well?' Cododd yn straffaglus a mynd am y ford lle gorweddai'r gwningen. Ymestynnodd am ei chwpan te ac yfodd lwnc oer.

'Ydw, gysges i'n iawn. Ond ges i hunllef... a dihuno o honno.'

Cymerodd sedd wrth y tân. Cynhesodd ei hun yn ei wres swil.

'Dynion, ife?'

'Be?' atebodd y ferch wrth wylio'r hen wraig yn suddo'i gewin i wddw'r gwningen ar y ford cyn tynnu'r croen o'r cig.

'Dynion wrth y drws?' meddai wedyn yn swta, ddifeddwl. Tynnodd a rhwygodd nes cael y croen yn rhychau blewog. Cyllell. Min i dorri'r pawennau. I dorri'r gwddw.

'Ie. Shwt y'ch chi'n gwbod? Fuon nhw 'ma? O'n i'n meddwl mai breuddwydio wnes i. Jyst mynd i drwmgwsg a dihuno'n chwys domen a meddwl...' Rhedodd panig drosti. Cododd a brasgamu am y grisiau, rhaid oedd dianc. Rhaid oedd cwato.

'Eistedda, Awen fach! Breuddwyd oedd hi. Un fel'na odw i.' Yfodd lwnc eto, rhwng tynnu a rhwygo. Snwffiodd yr hen wraig cyn pinsio blaen ei thrwyn yn sych. Ei thrwyn yn bica a'i llygaid yn drydan drwyddynt. Crac! A'r gwddw'n rhydd. Crac arall a'r gyllell drwy esgyrn y coesau. Unwaith, ddwywaith, deirgwaith, pedair. Cwningen fach heb groen. Cwningen fach heb goesau. Roedd ar Awen ei hofn. Roedd rhyw fygythiad yn ei thynerwch. Rhyw oerni yn ei charedigrwydd. Gwyliodd hi'n tynnu'r gyllell i ryddhau'r perfedd. Bachyn bys. Dwrn. Tynnodd y cyfan yn rhydd. Trodd Awen oddi wrthi. Allai ddim stumogi'r fath greulondeb. Gwyliodd yr hen wraig yn cerdded am y gegin fach. Clywodd y tap dŵr yn tynnu'r llifeiriant drwy'r peipiau uwch ei phen. Gwrandawodd arnyn nhw'n nadu.

Rhyfeddodd. Hunllef? Dychymyg? Ebychodd, gan adael i

awel oer ei hanadl suddo drwy ei dillad gwely benthyg. Roedd rhywbeth yn od iawn am gysgu cystal, a hithau heb wneud ers wythnosau. Doedd hi heb gysgu digon ers blynyddoedd mewn gwirionedd. Fentrai hi ddim cau ei llygaid. Ddim yn iawn. Rhyw gysgu ci bwtsiwr wnâi hi. Un glust ar agor, rhag ofn. Synhwyrodd Ceridwen hynny. Mentrodd.

'Cofio dy fam-gu yn dod â ti 'ma ata i, a tithe'n un fach. Dy wallt yn blethe. Ti'n cofio? Dod ffor' hyn am help. Cysgod drwg am dy gefen di. Cofio?'

Methai Awen gofio dim. Roedd hi wedi llwyddo i anghofio, am fod hynny'n rhwyddach.

Mentrodd yr hen wraig unwaith eto, ei llais yn llawn swyn. 'Ma'r gallu 'da tithe hefyd i "weld"... Dyna pam maen nhw'n dy boeni di, nhw yn y byd hwn a'r byd arall. Ddown nhw ddim fan hyn, ti'n deall? Mae'r drysau hynny 'di cau iddyn nhw fan hyn. Chawn nhw ddim dod. Mae swyn fan hyn. Chawn nhw ddim dy lorio di eto, ti'n deall?'

Na, doedd hi ddim yn deall. Doedd dim yn gwneud synnwyr. Roedd hi wedi llwyddo i gau drws ar ei hen atgofion. Fedrai hi ddim cofio... ei mam-gu... y cysgod... ac eto, o glywed y geiriau, daeth yr atgofion yn ôl i'w phoenydio.

Yn blentyn saith oed, cofiodd deimlo fel pe bai allan o'i chorff ei hun. Cofiodd deimlo sefyll mewn stafell gydag eraill yn ei gwylio ac eto, doedd hi ddim yno go iawn. Clywai'r siarad, gwelai'r wynebau ac roedd hi ei hun ymhell oddi yno, yn gweld y cwbl mewn cwmwl. Ac yna gyda'r nos teimlai ryw gysgod arni, yn ei llethu, ac yna roedd hi'n sâl. Yn methu bwyta. Yn methu cysgu... tan i'w mam-gu ddod â hi yma. Wyddai hi ddim bryd hynny beth oedd Ceridwen wedi'i wneud iddi, ond cofiodd fynd am adre yng nghefn y car a gwybod yn rhywle y tu fewn iddi bod yna dawelwch unwaith eto.

Fentrodd hi ddim dweud dim wrth neb.

'Fyddan nhw ddim yn deall, Awen fach.' Llais ei mam-gu yn dyner fel carthen. 'Dyw pobol ddim yn credu mewn dim. Tabledi gan y doctor, injecsiyn, cloi pobol lan – dyna yw eu duwiau nhw. Sdim ise i ti ffwdanu gweud wrthyn nhw. Dim ond meddwl bo' ti off dy ben fyddan nhw. Ond cofia di, hanner call sydd galla. Ma gormod o lawer yn meddwl eu bod nhw'n gall... ond twp call yw'r rheini. Dere di ata i os wyt ti moyn siarad. Ma menywod fel Ceridwen yn deall y byd 'ma... a sawl byd arall hefyd.' Dyna gyngor ei mam-gu.

Mynd i gysgu wnaeth hi bryd hynny a gwrando ar straeon ei mam-gu. Cofiodd hi'n dweud wrthi am amser cyn cof, am ddiwylliannau pell ac agos, chwedloniaeth a thraddodiad a phlanedau a'r cread cyntaf un, yn Lemwria, Atlantis, am gewri ac arallfydoedd rif y gwlith. Ac am amser ei hun. Pobol gyntefig gall â doethineb yn berwi trwy eu gwythiennau. Deallent bellter y sêr a chryfder sŵn i symud mynyddoedd, i buro, i godi'r ysbryd. Deallent hud byd natur a'i ffrwyno i wella dyn.

'Roedd dy fam-gu a fi'n ffrindie bore oes. Ches i ddim lot o ffrindie. Dyw pobol ddim yn lico pan ti'n gwbod eu cyfrinache nhw i gyd. Ha, o, gelon ni sbort, o do!'

Edrychodd y ddwy yn hir ar ei gilydd.

'Dere,' meddai Ceridwen wrth sychu ei dwylo. Camodd am y drws mas. 'Ma'r byd hwn yn cysgu, ond ma'r byd arall yn fiwsig i gyd. Dere. Cei di weld rhyfeddodau ond i ti agor dy lyged. Gwisg y got fawr. Dere. Ma'r nos yn galw.'

Gwisgodd y got fawr amdani a'i chau yn ansicr. Syllodd ar yr hen wraig. Rhyfeddodd nad oedd hi'n hen ddim mwy. Gallai ei dychmygu yn esgidiau saith oed, hi a'i mam-gu yn camu mewn drygioni i ddrysni'r clawdd. Aethant allan i arall fyd y tywyllwch.

'Dere,' mynte Ceridwen eto, ei chynnwrf yn lluosi. Cyfeiriodd hi at yr ardd. Brasgamodd yn ddi-sŵn at y gât fach a'i hagor fel awel. 'Ma nhw'n gweithio'n galed yr adeg hon o'r nos, draw ger y berth. Fe weli di nhw draw rhwng y ffrwd fach...'

'Pwy? Wy ddim moyn gweld neb.'

Chwarddodd yr hen wraig a'i thinc yn deffro'r cwm.

'Ma nhw 'ma. Weli di? Ma popeth o fla'n dy lyged di. Tylwyth teg. Y bobol fach.'

Crychodd Awen ei haeliau. Roedd hyn yn hollol wallgo! Ceridwen ddwl, a hithau fawr gwell, yn camu i'r nos fel merched ifanc yn chwilio drygioni. Tylwyth teg wir!

'Gwranda, glywi di? Dere mla'n, gwranda. Wy'n gwbod bod ti'n gallu. Roedd dy fam-gu yn gallu. Fuon ni'n chwiorydd mewn un oes. Gwranda? Glywi di?' Safodd yr hen wraig yn stond. Clustfeiniodd am hydoedd, ac yna o fewn eiliad ailddeffrodd y cwm gyda'i chwerthin. 'Ma nhw 'ma, wir i ti. Llond lle ohonyn nhw, y bobol fach. Fyddan nhw ddim yn dangos eu hunain i bawb, am nad yw pawb yn ddigon aeddfed i'w gwerthfawrogi nhw. Ma nhw'n ddrygionus, cofia... fel ni i gyd!'

Cyrcydodd y ddwy. Nodiodd Ceridwen i'r cyfeiliant mud. Chlywodd Awen ddim mwy na'i hanadl.

'Ond gofala beidio tynnu siarad â nhw,' rhybuddiodd yr hen wraig. 'Gallan nhw dy gymryd di. Dy lusgo di mewn i'w cylchoedd.'

Ha! meddyliodd Awen. Byddai'n braf cael mynd. Dianc o'r annibendod.

'A ddei di ddim 'nôl,' ceryddodd.

'Be, fel *alien abduction*?' pryfociodd y ferch, ei phen yn gymysgwch o chwerthin ac anghrediniaeth.

Rhythodd Ceridwen arni. Bygythiad.

'Edrych… ar dy gwrcwd, yn y cyhudd, ti'n eu gweld nhw?'

Ond welodd Awen ddim mwy na golau'r lleuad yn bwrw'i swyn arnyn nhw. Ambell symudiad efallai, ond dim byd mwy na hynny.

'Edrych!' mynnodd Ceridwen eto, ei llais yn dawel gyfrwys. Gallai weld dwsin ohonyn nhw ynghudd rhwng y dail, yn ymladd am betalau'r lili wen fach.

Rhyfeddodd Awen arni. Edmygedd? Ofn? Plygodd ar ei phwys. Doedd hi'n gweld dim. Pwyntiodd Ceridwen eto, ei llygaid yn emrallt byw. Syllodd eto at y clawdd. Symudiad? Na, dim ond y dail yng ngolau'r lleuad. Cysgod? Na. Mae'n rhaid ei bod hi wedi yfed, meddyliodd. Efallai fod rhywbeth cryfach yn y te. Nodiodd arni, cellwair ei bod wedi gweld rhywbeth er mwyn ei thawelu a chael dychwelyd i gynhesrwydd y stof. Ond parhaodd Ceridwen i syllu. Syllodd Awen hefyd. Chwarddodd Ceridwen yn dawel. Lledodd gwên gul ar hyd ei gwefusau. Roedd hi'n clywed rhyw gân fud. Chlywodd Awen ddim mwy na'r gwynt yn sibrwd ei bod hi'n oer. Tynnodd y got yn dynnach a theimlo gwlybaniaeth y borfa ar dop ei hesgidiau benthyg. Symudodd yn anghyfforddus o un goes blyg i'r llall. Mentrodd sibrwd, ond peidiodd wrth i lygaid Ceridwen geryddu. Cododd fys yn fygythiol. Gwyddai Awen fod rhaid iddi wrando. Camodd Ceridwen yn ifanc i'r cylch ac o fewn eiliad, diflannodd.

Rhewodd Awen yn ei hunfan. Parlyswyd hi gan ofn. Allai ddim gweiddi. I ble ddiawl oedd yr hen wraig wedi mynd? Chwifiodd ei breichiau mewn ymgais i deimlo'i phresenoldeb. Ceridwen? Roedd hi yno eiliad yn ôl. Ceridwen? Lle ddiawl oedd hi? Doedd dim cylch i'w weld. Syllodd yng ngolau'r lleuad. Rhaid bod rheswm. Rhaid bod. Efallai fod yna bant neu dwll yn y ddaear. Allai weld dim ond drain a dryswch. Cododd ar ei thraed mewn panig llwyr, a brysio'n ôl am y tŷ. Rhedodd. Carlamodd ei chalon. Teimlodd ei phen yn troi. Cyrhaeddodd y drws ac wrth iddi droi'r bwlyn, pwy ddaeth yn chwerthin dwl o un man ond Ceridwen.

'Blydi hel, beth y'ch chi, gwedwch?' gwaeddodd, ei hofn yn gorwynt.

Rhedodd drwy'r drws. Chwarddodd Ceridwen. Chwarddodd nes bod ei hwyneb yn wlyb. Chwarddodd fel ffŵl, fel pe na bai wedi chwerthin gymaint ers canrif.

'O!' meddai ar ôl dadblygu o'i hanner a sychu ei dagrau. 'Ma'n flin 'da fi. Dere, paid pwdu. Sdim ise i ti fod ofan, diawch erio'd. Bach o sbort, 'na i gyd. Rhywbeth i godi dy galon di. Bydde dy fam-gu wrth ei bodd 'da'r tric bach 'na.'

'Wel, sai'n gweld e'n blydi ffyni o gwbwl! Blydi *fairies* ar waelod yr ardd a chithe'n mynd i blydi gwato! Bron cachu pants!'

Parhaodd Ceridwen i chwerthin. Moriodd y sŵn drwy'r bwthyn bach unig. Wyddai Awen ddim beth oedd orau i'w wneud. Gadael neu aros. Ac eto, os ydy Ceridwen yn gallu diflannu, yna...

Y dderwen fendigaid (vervain)
798. Os byddi'n glaf – cymer
ferwyn y dderwen fendigaid.
Casgla'r planhigyn cyfan pan fydd
mewn had, a chrasa yn dda cyn ei droi
yn bowdwr. Cadw fe mewn crochan â
chaead. Ar gyfer ei ddefnyddio'n ddyddiol,
cymysga fe ag unrhyw ddiod. Gellid ei
ferwi mewn cwrw neu laeth gafr.

*

136.1Hz OM

*

Cwarts rhosyn – i fwytho'r enaid.
Rhydd dawelwch. Cynorthwyo cwsg.

PISTYLL RHAEADR

CHYSGODD AWEN FAWR ddim. Trodd yn y gwely. Roedd yr hunllef yn dal i chwarae ar ei meddwl. Roedd diflaniad Ceridwen hefyd yn dal i'w chadw ar ddihun. Esboniodd Ceridwen fod diflannu yn beth hollol naturiol. Mynd o un byd i fyd arall ac yn ôl. Doedd e ddim yn gwneud synnwyr iddi o gwbwl. Ac eto, gwyddai nad twyllo roedd Ceridwen. Roedd hi yno ar ei phwys. Ac yna doedd hi ddim. Doedd hi ddim yn dechrau colli ei chrebwyll. Gwelodd y cyfan gyda'i llygaid ei hun. Chwerthin wnaeth Ceridwen. Dim byd mwy na chwerthin.

Gwrandawodd ar wich y matras yn erbyn y ffrâm. Clustfeiniodd am chwyrnu Ceridwen o ben draw'r coridor cul. Chlywodd ddim byd. Cododd. Aeth i edrych am yr ast. Doedd dim sôn amdani. Hoffai ei gweld ar waelod ei gwely, fel hen gysgod. Hen gwmni. Roedd hi wedi hen flino. Teimlai fel carcharor. Doedd hi ddim yn perthyn i'r un man. Doedd hi ddim yn perthyn i'r fan hon. Cyrcydodd er mwyn gweld drwy'r ffenest gul. Yn blentyn cofiai sut y byddai'n gwrando ar ei mam-gu heb iddi agor ei cheg. Gallai ddarllen y geiriau cyn iddi eu clywed. Byddai ei mam-gu a hi'n siarad fel hyn am oriau, heb yn wybod i neb. Ysodd am gael bod yn blentyn saith oed eto, ymhell o bob dolur, a rhewi amser yn y fan honno am byth.

Roedd Ceridwen yn un nad oedd angen llawer o gwsg arni. Roedd hi wrthi'n torri'r coed tân yn llai ac yn llai. Eu haneru, eu chwarteru, eu pentyrru yn ei chôl, cyn eu cario i'r tŷ. Gwyliodd hi heb ddweud dim. Cynigiodd Ceridwen y fwyell iddi.

'Cymer!' Gwelodd ôl y fwyell ar ddwylo caled Ceridwen. Dwylo dyn. Rhwbiodd nhw yn ei gilydd, yr ewinedd yn llafnau caled.

Drwy'r bore torrodd Awen y plocs coed. Cododd ei braich a'i gadael i ddisgyn. Rhoddodd ei holl nerth y tu ôl i'r trawiad. Dychmygodd wyneb Dyrnau. Torrodd. Dychmygodd wddw Cwlffyn. Chwalodd. Dychmygodd fysedd milain Fe, a Nhw a'r Lleill. Cloffodd y fwyell. Tynnodd hi'n rhydd o'r pren, cododd hi'n orffwyll a chwalu, chwalu, chwalu tan i'r pren mân dasgu'n deilchion. Crynodd drwyddi. Llifodd y dagrau i lawr ei bochau anwastad. Un llygad werdd. Un llygad las.

'Chei di ddim gafael arna i! Chewch chi ddim, fe dorra i chi! Fe wna i... fe wna i...' Ymsythodd. Pwy oedd hi'n ei dwyllo? Crynodd y dagrau drwyddi eto. Edrychodd ar ei llaw fach, fregus. Gadawodd y fwyell i ddisgyn, ei thinc yn cellwair chwerthin. Daliodd ei hanadl. Cyn ei gollwng.

Roedd ganddi waith gwella cyn y byddai'n ddigon cryf i sefyll yn eu herbyn. O, Dduw! Pam na ches i farw?

Wrth iddi ddychwelyd i'r tŷ roedd Ceridwen wrth y stof yn paratoi'r gwningen. Cododd hi o'i gwely o ddŵr a halen. Arllwysodd ddŵr glân drosti, cyn ei hailosod yn gwmni i'r winwnsyn i rostio. Trodd wrth sychu ei dwylo yn ei ffedog. Gallai dreiddio drwyddi gyda'i llygaid.

'Pistyll Rhaeadr.'

'Be?'

'Pistyll Rhaeadr, meddwl mynd am wâc i fan'na. Bach o waith cerdded, drwy'r caeau gwaelod. Fyddwn ni ddim yn hir os ewn ni'n weddol.' Pwyntiodd at bâr o esgidiau cerdded ger y drws. Glynai crofen o fwd ar eu gwaelod.

'Cerdded? Sdim lot o chwant arna i fynd i unman,' meddai Awen wrth deimlo polleth yn crynhoi yng nghledr ei llaw.

'Pobol?'

'Ie, wy ddim ise gweld neb. Wy ddim am iddyn nhw 'ngweld i fel hyn.'

'Does neb byth yn mynd yno. Hen le diarffordd, a weli di'r un enaid byw.'

Wfftiodd Awen. Cwrliodd yn y gadair freichiau ger y stof ac anadlu'r winwns yn gymysg â'r gwningen.

'Dere, fyddwn ni ddim yn hir. Bydd bach o awyr iach yn neud byd o wahaniaeth i ti.' Trodd yr hen wraig gan fynd i'r llaethdy. Cafodd afael mewn potyn bach. Gosododd ef yn llaw'r ferch. Syllodd i'w llygaid. Un llygad werdd. Un llygad las.

'Rhwta hwn ar dy wyneb. Fe wneith e les.' Roedd popeth yn gwneud lles, yn ôl Ceridwen.

Agorodd y ferch y potyn a gwyntodd ei gynnwys.

'Rhosyn damasg, wedi ei wneud ganol haf, pan o'n nhw yn eu pomp. Rho fe dros y croen. Fe helpith i wella.'

Gosododd Awen un bys yn ei ganol. Aroglodd ei bersawr. Atgoffai hi o'r Turkish Delight fyddai'n ei gael o bryd i'w gilydd gan ei mam-gu. Gwenodd. Roedd rhai atgofion yn twymo'r galon. Eraill yn ei hoeri i'r byw.

'A rho bach o hwn,' meddai wedyn gan gyfeirio at dun o saim gŵydd. 'Rho hwn ar dy ddwylo.'

Cododd yn ufudd, doedd iws iddi ymladd yn erbyn Ceridwen. Duw a ŵyr pa driciau fyddai hi'n siŵr o'u gwneud.

Aeth am y drws, gan edrych yn nerfus i bob cyfeiriad. Gallai deimlo'r hunllef o hyd… Na. Doedd neb yno. Dim ond hen hunllef. Hen fwganod. Gwisgodd y ddwy eu cotiau a dechrau ar y daith i'r pistyll.

Wedi cerdded am awr, synnai Awen ar gyflymder cerddediad Ceridwen. Roedd hi'n ystwyth ac yn sionc. Teimlai hi'n ei thynnu tua'r dŵr. Disgynnai glaw mân ar ei gwar a theimlai'r got yn pwyso'n drwm arni. Ciliodd yr oerfel. Gallai deimlo'r chwys yn crynhoi ar ei chefn. Datododd y got, a'i thynnu oddi amdani. Roedd Ceridwen wedi carlamu o'i blaen erbyn hyn. Gwelai dop ei phen yn codi a disgyn wrth fynd o bant i fryn i frwyn.

Yna trodd ei phigwrn yn annisgwyl. Diawlodd. Cymerodd hoe ar graig gerllaw. Erbyn iddi dynnu ei hesgid doedd dim sôn am Ceridwen yn unman. Rhwbiodd ei sawdl. Doedd fawr o niwed arni. Ailwasgodd y droed yn ôl yn yr esgid a synnu bod ei throed yn ffitio gystal. Doedd fawr o ôl troed rhywun arall arnyn nhw, er mai esgidiau benthyg oedden nhw. Diolchodd am gael saib o'r cerdded diddiwedd. Anadlodd yr awel wlyb. Pwy feddyliai? Hi o bawb yn cerdded drwy gaeau. Hi o bawb mewn esgidiau a dillad mor ddi-nod a di-liw. Cripiodd gwên fach dawel dros ei hwyneb. Daeth rhyw lonyddwch annisgwyl drosti. Rhyfeddodd nad oedd wedi meddwl dim amdano Fe ers hanner awr. Roedd rhyw wyrth yn hynny. Arferai rasio drwy ei meddwl yn un panig diflas. Nes iddi golli ei hanadl a rhuthro i'r tŷ bach.

Yma, doedd dim ond caeau. Meddyliodd mor braf fyddai byw fel Ceridwen. Roedd yr ateb i bopeth yn fan hyn. Pob afiechyd, pob gofid, pob peth. Anadlodd unwaith eto a theimlo'i chlustiau yn gwichian. Un dôn uchel fwyn, yna diflannodd yr un mor ddisymwth.

Cododd a dyfalu lle ddiawl oedd Ceridwen. Roedd y cae yn anwastad ac roedd cerdded arno fel cerdded ar y lleuad. Gwelodd lwybr a phenderfynodd ei ddilyn. Doedd dim defaid yn agos, felly mae'n rhaid mai Ceridwen fuodd yno. Synnodd wrth weld bod y llwybr hwn yn wastad. Roedd y tyllau a'r pantiau oedd ym mhob man arall wedi mynd fan hyn. Rhyfeddodd at yr hen wraig a'i thriciau. Doedd ryfedd iddi gerdded yn gyflym. Gwyddai hi'n iawn lle roedd y llwybr wedi ei dorri iddyn nhw yn barod. Roedd yn haws dilyn na thorri cwys o'r newydd. Dilynodd.

Cyrhaeddodd ddiwedd y llwybr o fewn rhyw ddeg munud. Rhyfeddodd. O'i blaen roedd dibyn anferth. Rhewodd yn ei hunfan. Gallai weld y dyfnder oddi tani, a chamodd yn ôl o'r ochr. Clywodd sŵn pistyll. Trodd i'r dde ac yno o'i blaen roedd rhaeadr. Pistyll Rhaeadr yn ei ogoniant. Ei swyn yn erydu'r graig.

'Waw!' Torrodd gwên farus dros ei hwyneb. Disgynnai'r pistyll i'r pellteroedd oddi tani. Fe'i syfrdanwyd. Chwarddodd yn uchel, fel plentyn bach yn gweld eira am y tro cyntaf. Mentrodd gam yn nes at y dibyn. Oddi tani yn nofio fel dyfrgi yn y dŵr roedd Ceridwen. Teimlodd ias yr oerfel drwyddi.

Gwaeddodd arni.

'Hei! Hei!'

Ond roedd hi wedi mynd o dan y dŵr. Gwelodd y ferch lwybr cul yn arwain at ochr y mynydd. Dilynodd ef yn ofalus, ei phen yn canu. Teimlodd dynerwch yr oerfel ar ei chroen. Clymodd ei chot yn dynnach am ei chanol a dilynodd y llwybr i'w waelod.

Roedd y lle yn wag, diolch byth. Roedd hi'n rhy fore i ddynion cyffredin. Chwifiodd ei llaw ar Ceridwen. Ond chafodd yr un ymateb. Roedd yr ewyn wedi ei chario yn ôl i'r gwaelod. Mentrodd yn agosach at y dŵr. Teimlodd yr oerfel a rhyfeddu bod Ceridwen yn gallu trochi a mwynhau ei flas. Crynodd hithau.

'Dere mewn. Dere. Tynna dy ddillad. Mae'n llesol i'r galon a'r gwythiennau.'

'O Iesu, mae'n rhewi! Alla i ddim.'

'Galli. Fe alli di neud unrhyw beth, ond i ti gredu hynny. Tynna dy ddillad. Fe gei di dy wres.'

Yn anfodlon tynnodd Awen y dillad mwyaf. Heb feddwl mwy, camodd yn araf i'r dŵr oer a theimlo'r saethiadau yn dringo ei choes.

'Mewn. Dere. Lan i dy ysgwyddau. Anadl ddofn a mewn â ti. Tynna anadl ddofn. Dere.'

Teimlai Awen fel rhedeg am y bancyn, ond doedd hi ddim am siomi ei ffrind. Plymiodd i'r oerfel. Sgrechiodd ei syndod. Teimlai fel croten fach unwaith eto. Llyncodd ei hanadl ac o ganol y cynnwrf dechreuodd dwymo'n y dŵr. Rhyddhad. Bloedd o syndod, chwerthin dwl.

Dilynodd Ceridwen fel pysgodyn o dan y bont fach, cyn cerdded yn ei dillad isaf o dan y pistyll. Gadawodd i hwnnw olchi ei gofidiau i gyd ac am y munudau hynny roedd hi'n rhydd. Swyn. Swigod. Swyn saethiadau. Swyn melys y dŵr yn tasgu o'r ffrwd. Pistyll o ddŵr yn nadreddu drwy'r graig o'i blaen. Cochodd ei chroen. Teimlodd drywanu'r dŵr yn ei harteithio. Cerddodd i'r dyfnder a gorwedd yn fud ynddo. Mud. Mud. Pob rhan ohoni'n fud. Methai deimlo dim ond y funud fach o fwynhad. Dim gofid am ei gorffennol, dim byd ond hyn, fan hyn. Anadlodd gwmwl o ryddhad. Llenwodd ei hysgyfaint tan iddi wresogi drwyddi. Gwenodd.

Ar ôl dychwelyd i'r clos roedd rhyw fywyd newydd ar garlam drwyddi. Gobaith? Ie, efallai. Teimlai fel pe bai wedi ei rhyddhau o ryw garchar llawn ofn. Cysgododd Ceridwen am weddill y dydd. Y ddwy yn dawel eu meddyliau.

Wedi iddi nosi, serch hynny, teimlodd yr hen ofn yn ailgydio. Gwyddai y dôi. Bu'n gwmni rhy benderfynol i beidio. Teimlodd e'n cripian drwy ei hymysgaroedd, fel newyddion drwg. Tynnai hi am yn ôl o hyd, i ail-fyw cyfnod lle doedd ganddi ddim byd ond arswyd i lenwi ei diwrnod.

Aeth i'w stafell wely. Gorweddodd yn y gwely cul. Tynnodd y carthenni drosti. Teimlai fel pe bai'n cario rhyw bwn yn ei chalon a mynnai'r un hen leisiau lanw ei phen. Hen leisiau cras, hen leisiau du. Fe, Nhw a'r Lleill.

Camodd Ceridwen yn dawel i fyny'r grisiau gan sefyll yn y drws heb yn wybod iddi. Gwrandawodd arni'n crio'n dawel. Nodiodd. Oedd, roedd hi'n dechrau gwella.

Agorodd gil y drws, a hithau'n filgast, a sleifio'n dawel bach i orwedd ar waelod ei gwely. Ei llygaid yn wyrdd a'i chot yn gynnes.

ATYNFA

DRANNOETH, DILYNODD AWEN y llwybr i lawr am Bistyll Rhaeadr eto. Atynfa? Doedd hi dim yn gyfforddus ynglŷn â gorwedd mewn dŵr oer, ond am ryw reswm teimlodd ei hun yn cael ei thynnu o'r gwely yn oriau mân y bore. Gwisgodd fel pe bai'n gwneud mewn trwmgwsg ac aeth am allan. Dilynodd y llwybr bach cul dros y banc a dringo, dringo nes cyrraedd y dibyn. Meddyliodd am adael neges i Ceridwen, rhag iddi boeni lle roedd hi. Ond yna cofiodd fod Ceridwen yn gwybod y cwbwl yn barod. Roedd y bennod hon wedi ei darllen cyn iddi ei hysgrifennu. Ystyriodd – sut brofiad fyddai hynny? Medru gweld perygl a'i osgoi. Medru darllen meddyliau a gwybod pa rai oedd yn wir a pha rai oedd yn gelwydd. Llyncodd yr awel oer i'w hysgyfaint. Cymaint o annibendod yn ei bywyd ei hun fyddai wedi llwyddo i'w osgoi, pe bai hithau hefyd yn medru 'gweld'.

Ha, chwarddodd, efallai nad oedd hynny'n fêl i gyd. Mae'n siŵr bod yna gannoedd o bobol oedd yn medru 'gweld' mewn ysbytai meddwl ar hyd a lled y wlad. 'Doctor, rwy'n clywed lleisie.' 'Doctor, rwy'n gweld ysbrydion.' 'Doctor, rwy'n gallu darllen meddylie.' Sut ddiawl roedd hynny'n dderbyniol mewn byd bach cymhedrol, lle roedd pawb yn gymhedrol ac yn derbyn bod hanes a gwyddoniaeth a phopeth fel ag y mae am ei fod mewn llyfr? Doedd dim angen llyfr ar Ceridwen.

Wrth gerdded am i lawr i'r gwaelodion du teimlodd y ferch dawelwch cynnes yn llifo drwy ei gwythiennau. Roedd ei meddwl, a fu gynt ar garlam, yn glaf o ofidiau, bellach yn fud. Tynnodd ei dillad cynnes oddi amdani a chamu i ferw oer y dŵr mewn hen grys-T a phâr o nicers. Peth braf oedd rhyddid. Doedd neb yno i syllu arni. Gallai deimlo llawenydd bach, bach yn codi ei drwyn cwningen am y tro cyntaf ers achau. Cwningen fach ym môn y clawdd oedd e, ond roedd gwres yr haul wedi ei dwymo ddigon i fentro. Neidiodd. Cyrcydodd.

Saethiadau'r oerfel fel cyllyll yn cydio yn ei chroen. Camodd ymlaen. Camodd i mewn. Ailadroddodd drosodd a throsodd,

'Ma fe'n dwym, ma fe'n dwym, ma fe'n dwym...'

Wrth iddo gyrraedd ei bola roedd y dŵr yn ddwrn creulon amdani. Ei chorff yn sgrechian am wres. Anadlodd. Llyncodd yr oerfel gan barhau i ddweud ei fod yn dwym, yn gynnes braf... braf, braf, cynnes braf... poethi... berwi... fel pair ar stof.

Mentrodd blymio am yn ôl a chwilfrydedd yn ffrwydro drwy ei chorff tan ei bod yn chwerthin fel ffŵl. Cododd. Taflodd ei hun eilwaith er mwyn serio ei chroen yn gynnes yn yr oerfel du.

'HAAA! Ffac! Ffac shit... blydi oer!'

Calliodd. Anadlodd yn ddwfn. Tawelodd ei chorff a'i meddwl yn un. Roedd hi'n hapus. Yn feddw ar fwrlwm tawel y dŵr a neb ond hi ei hun i fflachio camera bach ei meddwl ar y cwbwl. Roedd hi'n rhydd.

Doedd Ceridwen heb gysgu llawer. Doedd dim angen cwsg arni. Yn yr oriau mân byddai hi'n parado o amgylch y fferm, yn hapus iawn ei byd. Arferai ddarllen y lleuad i wybod pryd oedd plannu pob dim. Dilynai droell y tymhorau i wybod

pryd oedd orau iddi gasglu o'r cloddiau. Mesurai amser yn ôl mynd a dod y wennol a'r gwyddau gwyllt, a'r gwcw. Roedd un cyfnod yn troi fel bysedd cloc, a hithau'n llifo gydag e. O un flwyddyn i flwyddyn arall, heb aros am neb.

Crafodd ei hewinedd brwnt ar welltyn melyn. Cadwodd hwnnw yn ôl yn ei phoced. Lafant efallai? Ie. Lafant. Roedd digon o hwnnw yn sbâr ers llynedd. Ei ddistyllu a'i roi mewn potel las yn barod i helpu cysgu. Roedd rhyw hud yn perthyn i bob planhigyn. Dim ond i chi wrando, gallech chithau ddeall y swyn. Llais bach lafant, *Lavandula angustifolia*. Hithau'n ysgafn ei throed yn ei dynnu'n gadarn mewn dwrn dwylo dyn.

Byddai pobol yn dod ati o hyd, o bryd i'w gilydd. Rhyw bobol llygaid mawr, eu ceir heb fod ar glos brwnt erioed. Cerddent mewn sgidiau swyddfa a rhyfeddu bod pobol yn medru byw mor gyntefig rhwng creigiau a choed.

'Dewch i'r tŷ!'

Dieithriaid. Yr un fyddai'r drefn o hyd. Rhyfeddu at dywyllwch y gegin fach, at yr hen balis, y styllod llydan ar lawr, y gwe cor o un gornel i'r llall. Ac yna ddagrau rhyddhad, fel petai cael dweud eu dweud, arllwys eu cwd, yn driniaeth ynddo'i hun.

'Y mab...', 'Fy mam...', 'Angen moddion', 'Y ferch...', 'Tyfiant...', '*Autoimmune*, medde'r doctor...', 'Ymateb yn wael i...', 'Dad... yn methu cadw dim i lawr', 'Methu cysgu... wedi trial pob peth...', 'Doctoriaid yn ffaelu gwneud dim mwy...', 'Y cemo...', 'Paso gwaed.'

Roedd Ceridwen wedi clywed y cwbwl. Ac yn eu lleisiau oll clywodd ddiffyg gobaith. Hen le diflas, meddyliodd Ceridwen wrth dynnu ei chapan dros ei chlustiau. Hen le diflas yw byd heb obaith.

Tynnodd y llyfr clawr caled o'i phoced, ei agor yng ngolau

gwan y bore a throi'r tudalennau melyn. Tynnodd bensil bach byr o'i phoced, ac wrth bwyso ar ffrâm drws y sgubor tynnodd lun deilen. Dant y llew. Ei ddail, ei wraidd, ei flodyn. Cofnododd ei ddefnydd yn dwt ac yn daclus.

Dant y llew - planhigyn da i'w gael.
Galli fwyta pob rhan ohono. Llesol i wella'r afu.
Gwraidd, dail, blodau.

Byddai angen iddi wybod y cwbl, meddyliodd Ceridwen. Fe ddôi'r amser iddi hithau ddysgu. Trodd o dudalen i dudalen. Roedd yno gannoedd o luniau. Cannoedd o foddion. Rhai'n wenwynig. Byddai'n rhaid iddi ddeall hynny hefyd. Byddai'n rhaid iddi gofio. Cofio pwy oedd hi go iawn. Doedd dim angen dysgu o'r newydd. Na, roedd oes o addysg ynddi yn barod. Oes mewn cot o gymeriadau gwahanol. Awen oedd hi heddiw. Ddoe roedd hi'n dduwies graff yn ffrwyno'r ffridd. Doedd dim iddi ei wneud ond cofio.

Meddyliodd Ceridwen droeon am obaith. Roedd hwnnw'n well doctor na dim. Gallai adrodd cannoedd o straeon am gleifion yn gwella mewn wythnosau a hithau wedi rhoi dim mwy mewn potel na gobaith. Chwarddodd. Hen feistr yw'r meddwl! Hen feistr caled i unrhyw un oedd wedi dechrau bod yn was iddo.

Rosa - rhosyn rhudd...

O ben draw'r clos clywodd Ceridwen ei cherddediad. Tuchan ei hanadl wrth gerdded dros y sticil bach. Dwy droed yn disgyn ar y cerrig mân. Swish ei chot. Doedd dim angen iddi edrych i'w chyfeiriad. Gwyddai mai hi oedd yno.

Gwenodd. Gallai deimlo fflam fach o obaith yn lledaenu ei gwres.

'Ie, ddest ti ddim 'nôl ffor' hyn wedi boddi 'de?' Chwarddodd eto.

Roedd rhyw dawelwch newydd yn y llosg ar ei hwyneb. Syllodd Ceridwen arni o bell. Merch dal, denau. Merch dlws. Ei llygaid yn… Roedd hi'n syfrdanol o dlws, meddyliodd. Gallai weld ei mam-gu ynddi. Ym mhob cam. Gallai weld ei mam hefyd. Er, doedd hi heb dwymo ati hithau. Roedd anian honno'n rhy wyllt o lawer. Merched gwyllt, myfyriodd eto. Merched gwyllt. Doedd dim modd eu dofi. Gallai fynd yn ôl flynyddoedd, ganrifoedd, i'r gyntaf un o ferched main a merched mwyn ddaeth â hon i'r fan hyn. Rhyfeddodd ati. Cyd-ddigwyddiadau wedi eu cynllunio'n graff. Roedd gan Ceridwen gymwynas neu ddwy i'w talu'n ôl i'r menywod hyn. Roedd hynny yn ei hanian ei hun. Merched gwyllt. Chwarddodd, a pha ffŵl fentrai dorri a rhwymo'r hyn oedd i fod yn rhydd? Nodiodd Ceridwen wrth gofio'r dyddiau. Ie, byddai'n rhaid talu'r ddyled yn llawn a llon. Byddai'n fraint.

'Gest ti dy wres?'

'Do!' gwenodd y ferch.

'Cer i'r tŷ, ma brecwast ar y ford. Fe ddo i mewn mas law… bach o waith cofio.'

Brasgamodd Awen i'r tŷ, ei gwallt yn diferu ar hyd ei chefn. Ei dillad yn glynu amdani.

Roedd hi'n fud o hyd. Ebychodd. Byddai'n rhaid iddi siarad cyn gwella'n iawn. Parhaodd i droi'r pensil rhwng ei bysedd, ei rowlio'n ôl a mlaen rhwng bys a bawd. Bawd a bys. Craffodd arni. Byddai'n rhaid iddi fod yn fwy gofalus ohoni. Syllodd i'r awyr. Gallai deimlo'r cymylau'n llanw. Roedd y bore bach yn pallu'n deg â chodi cwilt ei wely. Hmm! Roedd hi'n bryd i bethau wawrio.

Fel aderyn bach bwytaodd Awen y briwsion o'i phlât. Roedd gwreichion y bore wedi diffodd unwaith eto. Gallai deimlo'r hen garchar yn cau amdani. Roedd wedi arfer byw rhwng iselder ac ofn. Roedd hynny'n gyfarwydd iddi ac eto, doedd cael torri'r düwch hwnnw am awr ond yn gwneud ei chosb ganwaith gwaeth wrth ddychwelyd iddo. Teimlodd yr anobaith hwnnw'n llyncu'r gwreichion bach gan ei gadael yn fud wrth gornel ford y gegin.

Wrth i Ceridwen wthio'r hen ddrws i'w agor, sychodd ei dagrau. Heb ddweud gair wrthi, tynnodd Ceridwen ei hesgidiau gwaith gan gerdded yn droednoeth ar y llawr carreg. Aeth i'r cwpwrdd cornel ac arllwys tri dropyn i wydryn. Llenwodd ef â dŵr.

'Yfa hwn. Tri dropyn. Deirgwaith y dydd. A hynny am flwyddyn gyfan a diwrnod. Fe wneith les i ti.'

Gosododd y gwydryn ar y bwrdd o'i blaen. Syllodd Awen i'r unfan. Doedd hi ddim am yfed rhagor o 'foddion'. Diferyn o hwn a diferyn o'r llall... roedd hi am deimlo'n iawn unwaith eto. Roedd hi am fod yn hi ei hun unwaith eto. Nid rhyw fyw fel llygoden eglwys, ynghudd rhag y byd, yn gragen gou heb ddim byd ond ofn i'w llanw. Doedd ganddi ddim balchder dim mwy. Doedd ganddi ddim byd heblaw am gasineb at yr hyn oedd hi erbyn hyn. Yn hen beth hyll i'w guddio rhag y byd.

Lledodd gwên ar wyneb Ceridwen. Peth da oedd stranc natur. Efallai y byddai'r llwybr yn llyfnach nag roedd wedi meddwl.

'Be?' poerodd Awen. 'Pam ddiawl chi'n gwenu? Wy'n hyll. Wy'n casáu fy hunan...'

'Wyt, glywes i,' meddai Ceridwen, ei gwên yn cynddeiriogi.

'Shwt allech chi? Wedes i ddim.'

'Glywes i'r tro cynta. Yfa'r dŵr, wneith les i ti.'

'Na! Sai'n gwbod i be wnes i ddod fan hyn. Alla i ddim godde'r aros. Fe ddown Nhw, a wy'n gwbod ddaw E ar fy ôl i.'

Yn annisgwyl tasgodd y dŵr a'i gynnwys drud ar hyd y ford. Wnaeth Ceridwen ddim mwy na sychu'r cwbwl â chornel ei llawes. Cerddodd gan bwyll bach at y stof.

Cynhyrfodd y ferch fwyfwy. Doedd gweld yr hen wraig mor ddiemosiwn a hithau ar dân i ddianc o'i phen ei hun yn gwneud dim ond ei gwylltu fwy. Carlamodd Awen i fyny'r grisiau fel plentyn bach pwdlyd, ac o fewn rhai munudau roedd hi wrth y drws mas a'i hychydig bethau yn ei llaw.

Eisteddodd Ceridwen wrth y tân. Yfodd ei the yn bwyllog. Tynnodd grib drwy ei gwallt. Syllodd i'r fflamau.

Wedi hir aros agorodd y ferch gil y drws. Sobrodd ryw ychydig. I ble ddiawl âi hi o'r fan hon? Doedd ganddi ddim unman i fynd. Doedd ganddi ddim un man. Tawelodd. Rhewodd yn ei hunfan.

'Ma Nhw'n mynd i ddod cyn hir, wy'n gwbod 'ny. Fyddan Nhw'n dod a mynd â fi'n ôl at y Lleill.'

Ddywedodd Ceridwen yr un gair.

'Glywoch chi?' poerodd y ferch.

Anwybyddodd Ceridwen hi. Gallai deimlo'r gwres yn cynyddu. Peth da oedd hynny yng ngolwg yr hen wraig.

'Cyn hir bydd E wedi gweud wrthyn nhw. Ma nhw siŵr o fod wedi bod i bob man yn barod. Ma pobol yn ei ofni fe. Byddan nhw'n iwso'r heddlu i esgus helpu chwilio. Ma plant y Cartref yn diflannu rownd abowt ond ma nhw i gyd yn dod 'nôl yn saff, yn y diwedd… Sneb yn ca'l dianc.'

Yfodd yr hen wraig weddillion ei the a chodi'n jacôs i arllwys rhagor o ddŵr berw o ben y stof. Gallai deimlo'r ferch yn gwylltu. Pwyllodd. Byddai'n rhaid iddi ddweud y cwbwl. Carthu'r enaid. Carthu'r hen ddiafol ohoni.

'Pam ddoist ti 'ma, Awen? Gwed? Beth o't ti'n ddisgwyl, gwed?'

'Fe… fe… ddes i achos o'dd dim un man arall 'da fi i fynd. Damwain oedd dod 'ma.'

'Sdim damwain, Awen.'

'Wy ddim moyn siarad â chi. Gadwch fi fod, reit.'

'Fe ddest ti 'ma yn fwriadol, yn do fe? Sdim byd sydd heb ei gynllunio, wir i ti.' Ysgydwodd Awen ei phen yn gymysgedd o rwystredigaeth a diffyg deall. 'Gwed, Awen fach, beth ddoth â ti i fan hyn?'

Suddodd tawelwch am hydoedd rhwng y ddwy, tan i lais bach sibrwd, 'Mam-gu.'

Nodiodd Ceridwen. Roedd yn rhaid iddi gael ymateb. Roedd yn rhaid iddi ei gwylltu er mwyn iddi wella. Er mwyn iddi wynebu a datod y cyfan o'r gwreiddyn.

'Ac ro't ti'n gobeithio fydde 'da fi ryw fath o hud a lledrith i neud pob dim yn well?'

'Na!'

'Na?'

Pwdodd y ferch. Wyddai hi ddim mewn gwirionedd pam ddaeth hi yma. Doedd ganddi ddim cof o gerdded yr holl ffordd. Ond cofiai gyrraedd y clos a theimlo rhyw ryddhad, fel pe bai awel y gwynt wedi ei chario yno. Ebychodd yn hir a dwfn. Aeth i eistedd cyn ailgydio.

'Fe fydde hi'n dod bob nos… Mam-gu. Bob nos ers iddi fy rhoi yn y Cartref. Nid ei bai hi. Pan o'n i'n fach…'

'Bai pwy, Awen? Gwed.'

'Bai Mam. Fydde dim o hyn 'di digwydd pe bai hi…'

'A dy fam-gu, nid ei bai hi oedd dim?' Chafodd yr un ateb.

Cododd y ferch ei hysgwyddau. 'Beth fydde dy fam-gu yn gweud? E? Yn y breuddwydion hyn?'

Suddodd tawelwch rhyngddyn nhw eto. Stwbwrnodd y ferch. Croesodd gwên ddireidus wefusau'r hen wraig. Merched gwyllt, meddyliodd. Doedd dim modd eu dofi. Gwrandawodd y ddwy ar gerddediad y cloc yn araf gamu. Doedd dim hast. Gwyddai Ceridwen mai pwyll pia hi.

'Ond fentren i ddim dianc,' daeth y llais bach o rywle. 'Roedd arna i ofan ca'l fy nala… a'n hala'n ôl i'r Cartref. Bydde hi'n gweud wrtha i am ddianc. Chi siŵr o fod yn meddwl bo' fi off fy mhen. Na, sori. I chi, ma pethe fel hyn yn neud perffeth sens. Pobol yn dod mewn breuddwyd. Ro'dd Mam-gu wedi marw, wedon nhw hynny wrtha i. Fis ar ôl i fi gyrraedd y Cartref. Ro'n i'n gwbod hynny hefyd, yn fy nghalon.'

'Roedd hi wedi'i siomi. Ei chalon hi'n wan ar ôl dy golli di. Fe driodd hi bopeth. Ond doedd neb moyn gwbod. Neb.' Sobrodd yr hen wraig drwyddi. Cofiodd wyneb ei ffrind. Un arall oedd wedi colli ffydd. Colli gobaith.

'Fe wnes i ddianc, a cwato fel…'

'… deryn bach?' mentrodd Ceridwen.

'Wy'n gwbod eu cyfrinache Nhw.'

'Wyt, wy'n gwbod.'

'Pob un. Blynyddoedd o gyfrinache brwnt.' Nodiodd Ceridwen. 'Addawes i eu cadw nhw. Roedd arna i ofan.' Llifodd y dagrau i lawr ei boch, gan olchi'r llosgiadau yn afon hallt. 'Fe brynon nhw fy enaid i…' Llais bach. Llais cywilydd.

Nodiodd Ceridwen yn bwyllog. Roedd lles mewn siarad. Cael dweud eich dweud. Yfodd ddracht eto. Rhwbiodd ei gên flewog, cyn tynnu un blewyn hir yn ddiseremoni oddi yno.

'Fe werthes i'n enaid, fe wedon Nhw hynny wrtha i. Fe roies i fy enaid iddyn Nhw er mwyn cael llai o gosb. A nawr wy'n talu am hynny...' Criodd yn ei rhwystredigaeth. Trodd am y palis a bwrw ei phen yn ei erbyn, drosodd a thro. Tan i Ceridwen ei hatal.

'Dere nawr, 'merch fach i. Dere.'

'Ma Nhw'n dod i'n hôl i. Wy'n gwbod 'ny. Ma'r Diawl gyda Nhw.'

'Na, gwranda arna i. Gwranda!' rhybuddiodd yr hen wraig, cyn addfwyno. 'Dim ond Duw pia dy enaid di. Alli di byth â'i werthu fe. Ti'n clywed?'

'Sdim unman 'da fi i fynd.' Daeth y llais deryn bach unwaith yn rhagor.

Cododd yr hen wraig, closiodd ati a chydiodd yn llaw y claf. Agorodd hi a gosododd bluen fach o'r lle tân.

'Cwyd dy adenydd, 'merch i,' meddai'r hen wraig. 'Cwyd yn uwch na'r cymyle.'

I adnabod claf

776. Gwasga flodyn y fioled a'i ddodi
ar aeliau'r claf. Os cysgith, fe fydd byw.
Os ddim, fe fydd farw.

*

Rhag dallineb

384. Cymer had y melynllys (celandine)
gyda gwlith y bore a chymysga fe'n galed,
cyn hidlo'r sudd yn llwyr a'i gymysgu â
mêl gloyw. Berwa'r gymysgedd yn gyflym
nes ei fod i lawr i'w draean. Dod ef mewn
llestr gwydr a'i roi ar dy lygaid pan fo raid.

*

Plaster i dynnu chwydd o'r afu

305. Cymer laeth buwch unlliw a blawd
ceirch a'u berwi yn dda a'u gwneud fel uwd
plentyn, a dod frechdan dew ohono ar liain
gyda mêl. Bydd hwn yn tynnu'r drwg o'r
chwydd gan iacháu'r cnawd.

CYSGODION

HUNLLEF ARALL. Y tro hwn roedd hi yno gyda Nhw. Yn aros. Drysau. Rhaid mynd am y drysau. Maen nhw wedi cau. Yr un fach. Yr un fach leiaf yn cydio yn ei llaw. Yn ymbil arni i'w hachub o'r fan hon. Y lle yn dywyll a'r drws wedi cau.

'Agorwch y drws! Plis agorwch e.' Y plant yn llefen eto. Hithau'n crynu, yn ymbil. Yn teimlo'r ofn fel ysbryd drwg, a'r llaw fach yn gwasgu'n dynn, dynnach amdani.

Y drws wedi cau.

Deffrodd. Trodd olau'r lamp ymlaen a gadael i'w gwmni gwrso'r atgof o'i meddwl. Aeth am i lawr. Croesodd y llawr carreg yn droednoeth a rhyfeddu at wytnwch yr hen wraig. Fedrai hi ddim teimlo'r oerfel. Agorodd ddrws y cwpwrdd cornel a diawlo am beidio llyncu'r moddion. Sut ddiawl oedd hi am weld y botel iawn? Roedd degau ohonyn nhw. Poteli bach glas, poteli bach brown, poteli bach gwyrdd, poteli clir. Gwell peidio twrio gormod, rhag iddi sarnu trefn yr hen wraig. Trodd ddwy, dair, eu symud rhyw fodfedd neu ddwy i'r chwith. Darllenodd yr ysgrifen pensil arnynt.

Cwpan Robin goch.
Berw chwerw. Rhosmari. Ffenigl y môr.
Ysgawen. Eirin perthi. Mwyaren ddu. Draenen wen.
Cacimwnci. Falerian. Deilen dant y llew.
Dŵr arian. Dŵr aur. Thus. Myrr.

Henllydan y ffordd. Troed yr ŵydd. Mintys y dŵr.
Pengrych. Coden fwg.

Siomodd. Sut ddiawl oedd hi i wybod pa un i'w gymryd?

Ac i beth? Faint ohono? O, am fedru cysgu! Diawlodd ei hun am beidio llyncu'r diferynion ynghynt. Aeth i eistedd wrth y stof, ei llygaid yn flinedig, ei chorff yn cofio'r hunllef o hyd. Eisteddodd yng nghadair yr hen wraig. Gallai glywed yr ast fach yn cysgu ar bwys y ford. Cododd honno ei phen i ddweud helô. Aeth y ferch ati i gosi ei phen cwsg.

'Shwt ti, boi? Cysgu'n sownd fan'na? Dere i ti ga'l mwythe...'

Diolchodd am gael teimlo cynhesrwydd ei chot a theimlo ei chynffon yn brwsio'i throed noeth. Eisteddodd ar ei phwys a chodi ei phen yn dynn i'w chôl. Mwythodd hi. Teimlodd ei llonyddwch yn treiddio drwyddi. Teimlai'n gyfarwydd. Eisteddodd y ddwy yn ddiddig wrth gornel y ford, heb hast i ddim. Ysai'r ferch am gael cysgu. Caeodd ei llygaid a gwrando ar anadl yr ast fach yn ei chôl. O, mor braf fyddai cysgu heb ofid yn y byd.

Yng ngolau gwan y gegin, gwelodd y ferch gysgodion y gwe cor yn dannau ym mhob cornel. Gwelodd olion y gorffennol ym mhob teilsen ar y llawr, ym mhob cam ar y grisiau pren. Syllodd ar y papur wal wedi melynu yng nghysgod yr haul, ar y brychi yng nghorneli'r stafell, ar y gwyngalch â chlwyfau hen frwydrau fan hyn a fan draw. Teimlodd Awen yr oerfel yn suddo i'w chorff. Byddai'n rhaid iddi godi. Byddai'n rhaid iddi geisio cysgu.

Wrth godi, sylwodd ar botel ar y ford a llythyr bach mewn pensil. Gwenodd y ferch.

3 dropyn mewn dŵr. Nos da.

Lledodd y wên ar hyd ei hwyneb. Wrth gwrs, meddyliodd, os oedd rhywun yn gwybod, Ceridwen oedd honno. Yfodd y diferynion drud.

Cysgodd heb symud. Am gwsg braf. Roedd cael dianc i'r arall fyd hwnnw i wella yn fendith. Erbyn iddi godi roedd Ceridwen yn sefyll yn ffrâm y drws.

'Mae angen dy help di arna i. Wy 'di meddwl mynd ati ers dyddie. Ma angen agor yr hen le tân; fe ddechreues ar y gwaith p'ddiwrnod. Brân wedi cwmpo lawr y shimne... meddwl fydde hi wedi marw, ond fynnodd 'mod i'n ei hachub. Twyllo o'dd hi... 'Run man i ni wneud jobyn teidi o'i ailagor.'

Drwy'r dydd fuodd y ddwy yn carto hen gerrig a briciau o'r lle tân. Caewyd e flynyddoedd yn ôl i roi lle tân modern yn ei le. Cau'r shimne lwfer fawr rhag dod ag awel oer i'r tŷ bach. Roedd y ddwy yn ddwst i gyd a'r whilber fach yn duo'r cerrig gleision wrth fynd allan i'r clos. 'Nôl ac ymlaen yn ddiddiwedd. Erbyn cinio roedd y shimne yn agored a'r cerrig yn ddu ag ôl hen danau'r gorffennol. Safodd y ddwy yn y shimne ac edrych drwyddi i'r awyr lwydlas y tu fas. Rhyfeddodd y ddwy at y gwaith carreg. Gwyddai Ceridwen yn iawn pwy fuodd wrthi. Gallai weld y dynion yn eu crysau gwaith ganrif ynghynt, yn gwasgu'r cerrig cloi i'w lle. Gwelodd un arall, hynach, craffach, â'i gorden a'i ddarn o blwm yn mesur pa mor syth oedd pethau. Parhaodd i osod a chloi'r cerrig yn eu lle. Crafu gên. Mesur y cerrig cyn eu gosod yn barod. Cerrig llyfn, cerrig llanw, cerrig hir, cerrig llai, cerrig miniog main, cerrig canol, cerrig i'w cwato, cerrig cytbwys. Carreg wen.

Gwenodd Ceridwen. Roedd balchder y dynion i'w deimlo o hyd.

Cymysgwr y calch, yn tynnu coes. 'Dere, gwas. Mwstra. Ddaw'n nos whap!'

Rheg a bloedd a bwrlwm. 'Paid galw gwas ar dy feistr, Eben bach.'

Chwarddiad. Pryfôc a'r cwlwm perthyn yn cloi fel cerrig. Clustfeiniodd Ceridwen ar glonc am garu yn y tŷ gwair. Drygioni fel hynny a wâc fach i'r pentref i chwilio gwraig.

'Rhaid dechre'n fore, Ieuan bach. Bore pia hi i godi'r awen.'

'Naws gwell crafu sgraps o waelod sosban.'

'Menyw dda sydd ise 'ma.'

'Menyw dda? Bydd ddiolchgar am fenyw weddol, glei!'

'Gwell cadw at dy debyg,' mynte un.

'Menyw wyllt sydd orau.'

'Fel dafad fynydd.'

'Ie, un oedd wedi arfer byw ar lai.'

'Ha, a deall caledi'r gaeaf ar ben craig.'

Chwarddodd Ceridwen ac ysu am ddynion o'r fath. Roedd unigeddau'r mynydd wedi ei suo hithau i gysgu ganwaith, ond byddai'n braf cael cwmni.

Erbyn swper roedd y ddwy yn ddu gan ddwst. Roedd gwaith i olchi'r celfi segur a'r llawr. Diolchodd Awen am waith corfforol. Doedd ganddi ddim amser i feddwl. Roedd rhyddid mawr yn hynny. Parhaodd i aildrefnu a golchi'r tŷ o'i dop i'w waelod. Llithrodd ei bysedd ar hyd yr hen gelfi pren a sychu'r dwst du. Celfi â'r pren yn ddu gan oed. Dilynodd ei bys ar hyd y patrwm yn y pren. Wynebau bach cywrain ym mhobman a phatrwm blodau wedi ei blethu'n gelfydd drwyddo. Aeth i'r gegin fach i ail-lanw'r bwced dŵr. Arllwysodd weddillion y dŵr berw o'r tegil ar y stof, ac aeth yn ôl at y shimne lwfer i olchi a thacluso tan ei bod hi'n dywyllach y tu fas na'r tu fewn. Teimlodd falchder tawel yn llifo drwyddi. Roedd ei ôl ym mhob man, a'r llawr carreg o dan ei thraed yn las unwaith eto.

'Dere i weld y sêr,' meddai llais Ceridwen o bell.

Roedd hi'n syllu ar glwstwr o sêr yn yr awyr ddu drwy'r drws agored. Gallai eu henwi i gyd. Pob un. Anadlodd y ddwy eu cyfrinachau iddynt. Wrth syllu i'r tywyllwch tawel teimlodd fraich yr hen wraig yn llithro am ei chanol. Teimlodd ei chryfder bregus. Gwenodd y ddwy. Roedd gofidiau'r ferch wedi llwyddo i ddianc i rywle arall am y dydd. Un diwrnod o dawelwch meddwl. Dim ond un diwrnod bach o ryddid rhagddi hi ei hun. Ebychodd. O, mor braf fyddai bod yn feistr ar ei theimladau. Byddai'n rhydd wedyn. Cydiodd yn llaw'r hen wraig i ddiolch yn dawel am yr oriau o lonyddwch meddwl. Gadawodd i'r dagrau lifo dros ei bochau a'u sglein yn sêr bach yn syllu drwy'r cymylau.

Llusgodd Ceridwen belen o wellt, ei thaflu'n ddiseremoni i'r whilber fach a'i whilbero'n hyderus ar hyd y llwybr i'r cae. Sbeciau o ddeiamwntiau – gwreichion yn gaeth i'w cylchoedd. Môr o dywyllwch tawel a'r sêr yn polcadotio. Milltiroedd ar filltiroedd o sêr. Biliynau ohonynt yn fydoedd heb eu hadnabod.

Wrth orffwys ar y gwellt, syllodd y ddwy yn ddi-ddweud

ar y sêr o'u cwmpas. Rhyfeddodau'r cread, a nhwythau mor bitw.

'Ma nhw'n glir heno!' Rhyfeddodd y ferch, a blinder braf yn rhedeg drwy ei chorff. Y blinder o fod wedi gweithio a phob cyhyr yn tynnu fel tannau. Diflannodd yr hen wraig am funud a daeth yn ei hôl yn cario potelaid o win.

'Gwin ysgawen i ti.' Tynnodd y corcyn gan lanw dau fŷg i'r ymylon. Rhoddodd y corcyn yn ôl yn y botel. Rhyfeddodd Awen arni. Doedd neb yn dechrau potel heb ei gorffen. Gwasgodd Ceridwen ei gwaelod yn ôl i'r pridd. Cymerodd Awen ddracht llygoden fach o'r gwin. Gwenodd a theimlo cynhesrwydd at yr hen wraig. Roedd hi'n debyg iawn i'w mam-gu. Crwydrodd meddwl Awen.

Roedd hi'n naw oed ac yn sefyll yn ei hesgidiau bale o flaen y drych. Teimlodd gynhesrwydd y merched bach eraill y tu ôl iddi. Gwers bale. Roedd hi'n fain ac yn gryf ac yn ddawnswraig wrth reddf. Cafodd ei rhoi yn y rhes flaen.

'Yn osgeiddig, ferched. Yn osgeiddig. Symudwch yn ysgafn... y bys bawd wedi ei bwyntio i'r llawr. Llygaid i'r tu blaen. Rhaid i chi fyw'r gerddoriaeth, ei theimlo yn eich cyhyrau. Na! Pen lan. Y bol i mewn... llygaid, gên lawr... daliwch eich braich... Gadewch iddi lifo, fel adain aderyn... alarch, ferched. Ferched! Na, dyw hyn ddim yn ddigon da. Twt-twt-twt!'

Cythruddodd ei hathrawes. Ond theimlodd Awen erioed mo'i beirniadaeth. Roedd ganddi ryw ffordd fyddai'n ei swyno, ei thwyllo, ac o dan ei hadain a'i harbenigedd tyfodd yn ddawnswraig dda.

Byddai'n cerdded i'r gwersi ac yn cerdded adre. Gwelai'r

merched eraill, a'u gwalltiau glân a'u ceir a'u mamau yn eu casglu'n wythnosol. Roedd yn well ganddi gerdded.

'Ti moyn lifft?' Crechwen. Saib. Na, roedd yn well ganddi gerdded.

Cerddodd drwy'r glaw am adre, ei dillad dawnsio yn glynu'n wlyb am ei chorff main. Wrth ddod o amgylch y tro cyn ei chartref gallai synhwyro nad oedd hi ar ei phen ei hun. Trodd i redeg cyn troi i syllu. Doedd dim yno. Dim ond y nos.

'Mam-gu? Mam-gu, wy moyn bod yn actores. Fi 'di penderfynu – actores neu ddawnswraig.' Bwrlwm plentyn cyn cau'r drws o'i hôl.

Croesodd gwên fach flinedig wyneb ei mam-gu ac agorodd dun o Spam a'i roi ar dafell o fara siop.

'Dere at y ford. Dere, byt dy swper.' Cnodd yn ufudd a theimlo'r bara yn llanw'r ogof yn ei stumog. Cnodd eto ac arllwys y gwydryn *squash* i gymysgu'r cyfan.

'Pan fydda i'n fowr, wy'n mynd i fod yn actores neu'n ddawnswraig. Ma Miss wedi gweud wrtha i bod 'da fi rywbeth yn dechre gyda p... pot... pot...'

'Potensial?'

'Ie, Mam-gu, chi'n iawn. Wedodd hi bod hwnna'n beth da a bod e 'da fi yn barod. Mae am i fi fynd i'r dosbarth tap a modern hefyd. Alla i, Mam-gu, alla i?'

'Os bydde arian 'da fi, ti'n gwbod allet ti.'

Claddodd y ferch ei breuddwydion yn ei brechdan Spam. Llyncodd hi'n galed. Gallai deimlo siom ei mam-gu a difarodd ofyn. Fyddai hi ddim wedi gofyn fel arfer, ond roedd ei hathrawes mor frwd a phenderfynol, anghofiodd am eiliad pwy oedd hi. Safodd ei mam-gu fel cysgod wrth y ford. Wyddai hi ddim sut i ddweud wrthi, ond roedd newyddion drwg yn denu newyddion drwg.

'Ma dy fam wedi marw.'

Theimlodd y ferch yr un emosiwn. Bwytaodd y frechdan yn ufudd ac aeth i'r gwely heb gofio dim o'r manylion, heblaw bod 'cyffuriau'r dyn drwg yn difetha pob dim'. Pwy oedd y dyn drwg, wyddai hi ddim bryd hynny.

Closiodd Ceridwen ati a'i thynnu'n ôl i'r presennol. Gallai ddarllen ei meddyliau. Anogodd hi i yfed o'r cwpan. Teimlodd hwnnw'n deffro'r gwanwyn bach ym mhwll ei chalon.

'Gwin ysgawen, does fawr o feddwi yn hwn, ond mae'n—'

'Llesol?' torrodd ar ei thraws. Gwenodd yr hen wraig.

'Mae popeth yn llesol i rywun. Hyd yn oed newyddion drwg.'

Pwysodd Awen y geiriau. Doedd colli ei mam yn ddim iddi. Prin iddi ei hadnabod o gwbwl. Cofiai hi'n galw o bryd i'w gilydd i ofyn am arian. A'i mam-gu yn mynnu crafu'r cwbwl o waelod ei phwrs arian. Arian cochion. Papur pumpunt. Wyddai hi ddim am gysylltiadau ei mam na'i dyledion. Byddai'n rhaid i rywun eu talu.

Cofiodd gyfnod arall. Ymweliad prin, a'i mam yn ei dagrau y tro hwn a'i mam-gu yn ymbil arni i ddod adre. I roi'r gorau i'r cwbwl. Cofiodd eistedd yn dawel bach yng nghôl y fenyw hon – ei mam. Menyw mynd a dod. Menyw i'w hanghofio. Yn fain, fain a'i dwylo'n goch, goch. Fynnai hi fyth ofyn am gael mynd gyda hi. Hon a'i gwallt fel plu jac-do, a'i llygaid yn llawn dolur. Gallai ei gwynto o hyd, gwynt mwg a chleisiau ar hyd ei breichiau.

'Cwatwch hi, Mam, plis. Chi'n 'y nghlywed i? Cwatwch hi. Peidiwch gadael iddyn nhw fynd â hi o 'ma...'

'Be ti'n siarad ambiti? Ma'r un fach yn iawn fan hyn,' meddai ei mam-gu a'i llygaid hithau'n dân o ofn.

Cofiodd ei mam wedyn yn codi ar ras ac yn hastu draw at y drws, fel pe bai'r diafol ar ei chefn, a bod ei phresenoldeb ynddo'i hun yn ddigon iddyn Nhw ei dilyn i'r fan hon.

Syllodd Ceridwen i lygaid y ferch. Un llygad werdd ac un llygad las. Llygaid fel ei mam. Roedd pris ar bethau prin, yn doedd?

'Odych chi'n credu bod mwy na ni ar y ddaear hon?' Newidiodd drywydd y stori.

Doedd dim angen iddi ateb. Araf ddeffrodd gwên Ceridwen.

'Ma 'na ddryse...' meddai'r hen wraig ar ôl meddwl. Doedd hi ddim am ddrysu'r ferch. 'Dryse amser, dryse i fydoedd eraill, lle mae modd diflannu, lle mae modd i eraill ddod drwyddyn nhw.'

Llyncodd Awen a syllu mewn penbleth. Doedd hi ddim am dorri ar ei thraws. Roedd llygaid Ceridwen ymhell. Ymlaciodd ei chorff.

'Mae dy gorff di'n stôr o atgofion...'

'Ha, odi, wy'n gwbod,' mentrodd Awen chwerthin.

'... o'r bywyd hwn a phob bywyd arall.'

Lledodd dryswch dros wyneb y ferch.

'Mae dy uwchymwybod yn cadw stôr.'

Yfodd ddracht o'r gwin ysgawen. Yfodd Awen hefyd.

'Siwrne yw hon,' mentrodd wedyn ar ôl llyncu a sychu ei gên yn dawel, 'i dy enaid ga'l profi, i ga'l dysgu... i wneud iawn am rywbeth wnest ti ddim cystal y tro diwetha, dyna i gyd yw hyn. Dim mwy na siwrne.'

Roedd hi'n anodd gan Awen dderbyn hynny. Methai ddeall sut roedd dioddefaint a phoen a chreulondeb yn wers werth ei phrofi.

'Mae yna rai fel fi sy'n "gweld", ac mae yna eraill sy'n ddall i bopeth ond hyn, y byd bach hwn, y profiad hwn. Ti'n deall? Ganrifoedd, filoedd o ganrifoedd yn ôl roedd pawb yn gweld. Rwyt ti'n bodoli mewn sawl bydysawd, lle does dim amser. Dim ond dysgu mae dyn; dim ond dysgu wyt ti. Dim ond dysgu wyf inne hefyd. Dysgu byw cyn dychwelyd adre.'

Nodiodd Awen. Doedd hi ddim yn deall, ond roedd geiriau Ceridwen yn ddoeth. Suddodd ei blinder i'r belen wair a theimlodd dawelwch y sêr yn ei chysuro.

'Wy ddim yn deall... Bydde'n well 'da fi ga'l siwrne rwyddach.'

Chwarddodd y ddwy, a thinc o dristwch yn eu lleisiau. Mentrodd yr hen wraig.

'Ond fyddet ti heb ddysgu dim byd wedyn. Yn y tywyllwch ma'r gwersi gorau. Ma bod yn y golau yn hawdd.'

Eisteddodd y ddwy yn gaeth i'w meddyliau fel dwy blaned bell yn gaeth i'w cylchoedd. Cododd Ceridwen wedi hir syllu, roedd arni ysfa i newid.

'Cer,' meddai'n dyner wrth Awen. 'Cer i dy wely. Fe gysgi di'n dda heno.'

Trodd y ferch yn dawel am y tŷ. Roedd ei chorff yn drwm amdani.

'Ma dŵr twym i ti ga'l bath. Fydda i ddim yn hir heno, mae angen gwell golwg arna i, rhywbeth i'w ddatrys.'

Cerddodd yn dawel ac roedd hi'n falch i gael mynd yn ôl i dawelwch y tŷ. Doedd Ceridwen wedi gwneud dim ond ei drysu. Ysgydwodd ei phen. Allai ddim credu. Syllodd ar yr hen bapur wal a'r lle tân gwag, cyn dringo'r grisiau pren i'w stafell fach glyd. Gwelodd fod y llenni ar agor ac aeth i'w tynnu er mwyn cael diosg ei dillad am y nos.

Wrth eu cau sylwodd ar Ceridwen yn cerdded tua'r gât. Yn datod y gorden dynn. Gwelodd hi'n clymu'r gorden eto ar ôl iddi fynd drwyddi. Roedd hi bron yr un lliw â'r nos. Rhyfeddodd. O'r fan hon roedd hi'n hollol ddieithr, ac eto funudau ynghynt roedd hi ei hun yn ddiogel o dan ei hadain, yn gwrando arni'n llanw'r cwm â'i straeon. Ceridwen. Ceridwen. Twriodd ymhell yn ei chof ei hun. Rhaid ei bod yn ei hadnabod o rywle. Rhaid. Roedd rhywbeth ynddi yn rhywle yn dweud hynny wrthi. Syllodd ar y wraig, a'r eiliad honno allai weld dim ond tylluan wen yng ngolau'r sêr.

Aeth Awen i fusnesa. Chwilio am ddilledyn newydd i'w wisgo a thywel glân. Agorodd ddrws stafell wely Ceridwen. Roedd ei siâp yno o hyd. Pant lle bu ôl ei chorff yn gwasgu'r gwely.

Weithiau, ar y nosweithiau mwyaf unig, cofiai fel y byddai'n blentyn yn ymestyn ar draws y gwely a gorwedd wrth ochr ei mam-gu. Dychmygodd hi yno ar erchwyn ei gwely. Hithau'n fach ac yn fregus. Roedd hi'n ddiogel yn y fan honno. Hi oedd ei mam a'i mam-gu, tan iddyn Nhw ddod, a'i chymryd i'r Cartref. Treuliodd y misoedd cyntaf yn crio'n ei chwsg. Crio tawel bach, rhag i'r merched eraill ei gweld ac ymosod arni eto. Doedd hi'n nabod neb. Gweddïai am gael mynd yn ôl at ei mam-gu. Rhaid bod camgymeriad wedi bod. Suddodd i unigrwydd ei charchar newydd. Pryd, o pryd câi fynd mas?

Ac yna cafodd ffrind. Abel. Cofiai gwrdd ag e'r wythnos gyntaf iddi ddod i'r Cartref. Roedd sbeit yn ei lygaid bryd hynny.

Roedd Abel yn awyddus iddi ddeall ei fod e'n deall y system yn well na neb. Roedd hithau'n ddeg ac yntau'n ddeuddeg.

'I fod yn rhywun, rhaid talu'r pris. Ffaith i ti.' Llais Abel wrth ei harwain ar hyd y coridor i'r stafell olchi dillad. 'Os wyt ti am fod yn rhywun, fel rhywun ar glawr magasîn neu mewn ffilm, os ti moyn cyrraedd y top, fel bod yn actor rili enwog, *politician* pwysig, *councillor* sy'n *loaded*, wel, ma pris i'w dalu.'

Ysai Awen am gael mynd yn ôl i'w chartref go iawn. Ond fedrai hi ddim. Gwrandawodd ar lais Abel.

'Wy 'di gweld lot o bethe fan hyn. Lot fowr o bethe.'

'Pa fath o bethe?' mentrodd ofyn. Crychodd Abel ei wyneb. Pitïodd hi.

'O, sori, ond sdim hawl 'da fi weud. Sori. Bydden i'n lico gweud wrthot ti... ond wel, ma fe'n rili bwysig bod dim pawb yn ca'l gwbod.'

Roedd hi'n helpu gyda'r dillad gwely. Swydd i ennill ceiniog neu ddwy i'w hala yn y siop fach. Roedd hi'n casáu'r lle. Y synau yn y nos. Y plant eraill. Doedd hi ddim yn saff.

'Watsia lle ti'n rhoi'r powdwr, y dwpsen!' cyhuddodd Abel wrth bwnio'i braich yn ddirybudd. 'Dere, dere i fi ga'l dangos iti. Fel hyn...' meddai gan ei gwthio o'r ffordd. 'Rhaid i ti ei droi e fel hyn. *50 degrees*. Ma lot yn pisho'n gwely. Wyt ti'n pisho'n gwely?' Ei lais fel rasel. 'Ma Nhw'n lico bo' ni'n lân. Plant bach Iesu Grist yn lân bob un...' Chwarddodd ar ei glyfrwch ei hun. 'Wyt ti'n gallu canu? Dere. Dere i ni gael canu. Wy'n lico'r emyn.'

Cliriodd ei wddw a dechrau sibrwd canu. Trodd stumog Awen, a theimlodd ei chalon fach yn torri. Ysai am gael mynd yn ôl i'w chartref go iawn.

'Plant bach Iesu Grist ydym ni bob un... Wyt ti'n gwbod hi? Na? Wel, bydd rhaid i ti ddysgu ddi. Cana.' Pwniodd. 'Cana!'

Mynnodd. 'Fyddan Nhw ddim yn bles os nad wyt ti'n gallu canu.'

Mentrodd Awen ganu, ei llais yn dawel, ar dorri.

'Alla i ddim clywed, cana'n uwch.' Pinsiad fach i'w braich. Canodd yn uwch. Fentrai ddim peidio, doedd hi ddim am losgi na chael llond ceg o bowdwr golchi fel y tro diwethaf. Chwarddodd Abel. Roedd wrth ei fodd yn ei gwylio'n gwingo fel pilipala bach yn gaeth dan wydr. Yntau'n tynnu ei hadenydd, am fod pilipala heb adenydd ddim tamaid gwell na gwyfyn bach brown. Edrychodd arni. Syllodd reit i fyw ei llygaid. Un yn werdd a'r llall yn las.

'Ond 'na fe, dy lyged di. Ha-ha! Un o bob lliw fel golau traffig. 'Drych arnot ti. Hen beth od. Hen beth… o dere mla'n, paid llefen. Dim ond trial bod yn *friendly* o'n i. Ma Nhw'n lico pethe od. Paid llefen. PAID llefen wedes i. Os ddown Nhw, fi geith y bai. Dere mla'n, dere i ni ga'l dysgu'r gân yn reit, ife? Chei di ddim row wedyn.'

Fel y cylch tylwyth teg ar waelod yr ardd. Cofiodd Awen am eiriau ei mam-gu.

'Dyw rhai ddim yn ei weld o gwbwl er chwilio ganwaith. Gallant gamu i'w ganol a theimlo dim mwy na gwynt neu awelyn bach yn gwthio'i ffordd drwy'r clawdd. Ond rhai eraill, y rhai dethol, gallant gael eu hamsugno i'w grombil. Fel pair diwaelod, a chewch chi ddim dod oddi yno oni bai eich bod yn hollol fud.'

'Sht!' Abel eto. 'Bydd ddistaw. Rhaid chwarae'r gêm. Fe weda i *secret* wrthot ti, ond i ti addo peidio llefen. Reit?' Ei wên yn bocer poeth. 'Pobol â lot o bethe y'n Nhw. Byddan Nhw'n dod 'ma, pan fydd y lleuad yn newydd, neu pan fydd y dyddie yn sbesial – wy ddim yn cofio pam fod y dyddie yn sbesial, ond ma nhw, iddyn Nhw, ma Nhw'n bobol bwysig, wedodd Syr. A ma pobol bwysig yn lico Syr a ma Syr yn lico pobol bwysig.'

Doedd dim angen i Awen wneud dim ond sychu ei dagrau. Parhaodd Abel i rannu ei ddoethineb.

'Ma Nhw'n lico pethe pert. Pethe diniwed. Pethe od. Pethe i ddweud eu bod yn perthyn. Cofia, paid ti gweud dim, reit. Ry'n ni'n un teulu hapus fan hyn, yn dy'n ni, Awen, e? Gwed. Ni'n un teulu hapus yn fan hyn.'

Roedd hi'n blentyn deg oed yn gwlychu ei gwely, yn blentyn deg oed eisiau mynd adre. Roedd hi'n blentyn deg oed.

Nodiodd Awen a theimlodd ei deigryn olaf yn crafu ei ffordd dros ei boch. Feiddiai hi ddim llefain dim mwy.

Wedi dadebru o'i hatgofion sylwodd ei bod yn sefyll yn stafell Ceridwen. Roedd y lle yn dawel. Drysodd. Beth ddiawl roedd hi'n ei wneud fan hyn?

Trodd i weld ei hadlewyrchiad yn nrych Ceridwen. Doedd hi ddim yn adnabod ei hun o gwbwl. Ceisiodd dynnu ei hun yn ôl i'r presennol. Dillad. Ie, y cwpwrdd dillad. Roedd yn rhaid iddi chwilio am dywel glân a mynd am y bath. Byddai Ceridwen yn siŵr o ddod yn ei hôl cyn hir. Byddai'n well iddi fod wedi golchi erbyn hynny, er mwyn rhoi cyfle i'r dŵr aildwymo. Agorodd y cwpwrdd dillad gan ddisgwyl gweld hen ddillad di-nod Ceridwen. Ond synnodd. Roedd y cwpwrdd yn orlawn o ffrogiau. Rhai drud. Rhai ffasiynol yr olwg. Dillad swyddfa. Dillad rhy dda i glos brwnt. Tynnodd y ffrog gyntaf o'i lle a gwelodd gorff siapus ynddi. Cododd hi o'i blaen. Byddai'n siŵr o'i ffitio. Rhyfeddodd o weld y fath ddillad gan fenyw mor blaen. Tynnodd ffrog arall o'i lle ac un arall. Roedd y cyfan wedi eu gosod yn daclus mewn cwdyn i'w cadw rhag dwyno. Ymestynnodd i ben ucha'r cwpwrdd. Rhyfeddodd eto o weld bocsys yn llawn esgidiau. Chwarddodd iddi ei hun a thynnu pâr o sodlau a'u rhoi am ei thraed. Gwasgodd nhw amdani ac am eiliad breuddwydiodd am gael bod yn ferch 16 oed ar noson Prom. Pawb wedi eu gwisgo mewn ffrogiau hir a'u gwalltiau a'u colur yn eu lle. Cydiodd Awen yn y ffrog ddrutaf yr olwg a'i throi fel corwynt amdani. Chwarddodd. Methai gredu. Am eiliad gallai fod yn rhywun arall. Gallai fod fel y merched eraill. Gallai fod yn aros i ryw fachgen ddod i'w chasglu. Byddai e mewn siwt a'i wallt wedi ei dorri, ac fe fyddai'n dal ac yn garedig, a byddai'n dal ei llaw ac yn ei harwain yn dyner i ddrws y neuadd... ac fe fydden nhw'n dawnsio ac yn troi a throelli, a byddai pawb yn dweud mor dlws oedd hi... mor bur a glân a diniwed...

Gosododd y ffrog yn ôl yn ei lle ar y bachyn. Pwy ddiawl oedd hi'n ei dwyllo? Doedd hi ddim yn bur a glân a diniwed. Doedd hi'n ddim ond plentyn o'r Cartref Plant... yn gwlychu'r gwely. Taflodd y sodlau yn ôl i'r bocs ac wrth iddi eu hymestyn yn ôl i'w lle, clywodd lais Ceridwen.

'Ti ddim yn ffansïo gwisgo dillad gwaith 'de?'

'O! Blydi hel, o'n i jyst yn...'

'Busnesa?' mentrodd yr hen wraig.

'O'n i'n chwilio am ddillad isa... chi'n gwbod... wir nawr a...'

'Drâr. Cwpwrdd pella,' poerodd yr hen wraig gan bwyntio. 'Hwnna. Y drâr ar y gwaelod. Ma 'na becyn o rai newydd. Dere am lawr pan ti'n barod.' Trodd Ceridwen i fynd cyn ychwanegu, 'Ac am y ffrog 'na, wel cer â hi, mae siŵr o fod yn dy ffitio di. 10. Wy'n fwy o 14 erbyn hyn.'

Roedd hanner cerydd yn llais Ceridwen a golwg croten

ddrwg wedi cael ei dal ar wyneb Awen. Roedd yn anodd ganddi ddychmygu'r hen wraig mewn dillad cystal. Roedd oerfel wedi naddu ei chorff a chaledu ei hwyneb. Ei chroen yn goch a'i dwylo'n gryf fel dwylo dyn. Syllodd am eiliad ar ei hwyneb ei hun. Ei chraith yn goch ac yn gecrus. Ei llygad chwith wedi hanner cau. Y cyfan wedi toddi yn wyneb newydd, dieithr. Ysai am gael bod fel yr oedd hi. Ailosododd y ffrog grand yn ôl yn y cwpwrdd. Fyddai ddim blas o'i gwisgo. Welai neb ddim ond ei gwendidau.

Aeth i olchi'r dydd ohoni a newid, a cherddodd y grisiau noeth yn ôl i wres y gegin fach.

'Ro'dd teulu o ddeg yn byw fan hyn ar un adeg.' Llais Ceridwen o'r gadair ger y stof. 'Deg, cofia. Deg ceg yn eistedd rownd y ford 'na. Dynion, cofia. Wyth brawd. Dim ond nhw yn diwedd, wedi i'w rhieni farw. Dim un wedi priodi. Rhyfedd, yndyfe? Rhyfedd iawn. Pob un yn berchen ar ei bethe ei hunan. Eu henwe wedi'u naddu arnyn nhw yn y sied 'co. Morthwyl, plâm, wyth o bopeth. Oedran mowr arnyn nhw – y brodyr wy'n feddwl, nid yr offer – ac wedyn un ar ôl y llall ma nhw'n marw, gan adael yr hen fynydd bach, yr hen dŷ. Dim neb i ddod ar eu holau nhw. Yn gytûn gyda'i gilydd tan y diwedd. Rhyfedd! Wastad yn meddwl bod e'n rhyfedd, peth od eu cadw nhw 'ma gyda'i gilydd heb fenyw. Rhyfedd iawn, gan feddwl mai dim ond ni'n dwy sy 'ma nawr. Dwy fenyw a milgast.'

Eisteddodd Awen ger y ford gan deimlo croen ei hwyneb yn cosi o hyd. Roedd croen ei llygad yn tynhau – byddai'n rhyddhad cael dweud amdanyn Nhw a'r Lleill wrth Ceridwen. Gwyddai ei bod am wybod. Roedd pawb am wybod yn y diwedd. Ond troi'r hen stori am y brodyr oedd hi wrth hôl cwpaned o de ffres iddi.

'Ro'dd hanes eu bod nhw'n gwella pobol, ti'n gwbod hynna?'

Ysgydwodd y ferch ei phen.

'Ro'dd dau yn well na'r gweddill, ond ro'dd sawl un yn gallu gweld pethe, dod o hyd i bethe fel dŵr. Ro'dd pob un yn deall sut o'dd rhoi rhyw foddion at ei gilydd. Rhai'n deall anifeiliaid, rhai'n deall pobol. Rhyfedd eu bod nhw i gyd â'r gallu,' myfyriodd Ceridwen. Eisteddodd Awen yn fud. 'Y lle 'ma yw e, wy'n meddwl. Ma rhyw wythïen o ddaioni 'ma, ac ond i ti wybod shwt mae'i defnyddio hi, ei ffrwyno hi... Wy wedi studio pethe. Falle licet ti ddysgu?'

Cododd y ferch ei hysgwyddau. Doedd hi ddim yn barod am hynny eto, deallodd Ceridwen. Ond doedd dim drwg mewn holi.

'Wy ddim 'ma i hynny,' atebodd y ferch, ei llais erbyn hyn heb egni.

'Nag wyt,' gwenodd Ceridwen.

'Licen i i chi ddeall,' ymbiliodd y ferch. 'Ro'dd e'n fwriad 'da fi i...'

'Ddianc?' torrodd Ceridwen ar ei thraws.

Eisteddodd y ferch yn fud unwaith eto. Roedd Ceridwen gam y tu blaen iddi o hyd.

'Ma nhw'n dod 'ma i ddianc yn amal. Ma'r lle 'ma'n enwog am hynny,' mentrodd yr hen wraig. 'Rhai'n gadael eu ceir ar ochr hewl a mynd am wâc hir. Roedd un, merch, fe foddodd hi. Cerdded i mewn i'r llyn. Twristiaid o Stoke gath afael ynddi yn y diwedd. Cerddwyr. Uffach o beth, cofia. Ond sdim lot yn dod lan mor bell â'r clos. Gweld y mwg yn y shimne, ife? Sdim ise i ti weud wrtha i. O'n i'n gwbod dy fod di'n dod...'

Eisteddodd Ceridwen, ei hwyneb yn amyneddgar cyn mentro.

'Wy'n gwbod amdanyn Nhw. Wy'n gwbod am ddyled dy fam. Pris bach i ddechre, rhywbeth i'w thynnu i mewn i'r Cylch. Cyffurie?'

Nodiodd y ferch.

Hen gylch cyfrwys, cyfrin.

'Fel cylch y tylwyth teg,' atebodd hi.

Palo santo

Pren i'w fwgu. O Beriw. Cynna ef er mwyn codi'r galon, puro'r tŷ, puro'r enaid.

*

432HZ

DYSGU

DRANNOETH CYMYSGODD CERIDWEN y dail yn y sosban ar y stof. Gwyddai'r cynhwysion. Gallai eu galw i gyd i gof. Pwysodd Awen dros y pensil bach a chofnodi'r cyfan.

Moddion i'r llais - sinsir a mêl

'Dim gormod o fêl, mae'n gallu hala pen tost ar rai. Tro'r dudalen.'

Moddion i wella annwyd - 3 chwpan dŵr,
winwnsyn, 5 dam o arlleg, halen,
pupur, tymerig...
Moddion i'r galon drom - rhosmari

Cosodd Ceridwen ei thalcen. Oedd, roedd hi'n iawn. Oedd hi wedi anghofio rhywbeth? Na, doedd hi ddim yn credu hynny. Cerddodd at y ffenest fach isel ac edrych allan i gyfeiriad y clos. Gwynt yn codi. Hmmm. Na, dim ond gwynt.

Cliriodd ei llais a pharhau i droi'r gymysgedd ar y stof. Tarodd gip sydyn ar ei phrentis bach newydd, oedd wrthi'n busnesa drwy'r llyfr bach clawr caled.

'Ap-pap-pap, mla'n â ni! Gofala di nawr bod dy ddwylo di'n lân. Wy wedi hala blynyddoedd yn casglu'r dail 'na. Nawr, tynna lun o'r ddeilen. Gofala dy fod yn fanwl. Ma'n ddigon hawdd cymysgu deilen os nad wyt ti'n ofalus. Rhaid cadw cofnod. Rhaid i ti ddeall pob dim. Naws gwell cael rhywun yn dod 'ma â bola tost a thithe'n eu gwenwyno,' chwarddodd Ceridwen.

Siomodd Awen. Teimlai fel croten fach wedi cael ei dal yn gwneud melltith.

'Ha!' moriodd chwerthiniad Ceridwen. 'Tynnu dy goes di o'n i. Dere. Dere 'da fi os wyt ti moyn gweld y llyfrgell.'

Dilynodd hi i'r cwtsh dan stâr. Doedd hi ddim wedi sylwi arno o'r blaen. Roedd gymaint o hen gotiau o'r oes a fu o'i flaen fel nad oedd wedi meddwl bod dim mwy yno na lle i hongian cotiau angladd. Cotiau trwm. Cotiau gwlân. Cotiau gaeaf. Y cyfan yn gotiau dynion. Cododd Ceridwen y nawfed got o'i lle ar y bachyn a'i symud o'r neilltu.

Agorodd Ceridwen y drws gyda gwich.

'Nawr 'te, dal sownd... a watsia ble ti'n rhoi dy dra'd.'

Cerddodd y ddwy i lawr y grisiau carreg cul. Rhyfeddodd Awen fod y fath seler yn perthyn i'r bwthyn bach. Am i lawr â nhw i'w waelod oer ac yno ar silffoedd roedd storfa o boteli. Dail wedi'u sychu. Bwyd wedi'i halltu. Ffrwythau wedi'u cochi. Rhaffau o winwns a garlleg. Gwinoedd ysgawen, gwinoedd o bob lliw a llun. Llysiau yn barod am y gaeaf. Potiau jam.

Aroglodd y lle. Rhyfeddodd.

Ar bwys y silffoedd roedd yna garreg las fel cownter yn rhedeg ar hyd y stafell. Hen garreg lydan las yn oer ac yn gref. Gwelodd y ferch ôl y blynyddoedd o gerdded ar hyd y llawr pridd. Gwelodd ôl y troul ym mraich y stâr. Rhaid bod y lle yn gannoedd o flynyddoedd oed. Gallai deimlo'r gorffennol yn cerdded gyda hi wrth iddi symud y poteli i ddarllen eu cynnwys. Swynwyd hi gan y lle. Roedd yma dawelwch mewn storfa o'r fath. Cysur o wybod bod yna ddigon i'w cadw am gyhyd. Doedd dim angen yr un siop.

'Cer i hôl boteled erbyn heno, be ti'n weud? Mae angen bach o liw ar dy foche di!'

Ymestynnodd Awen am y botel bertaf. Trueni nad oedd hi'n gwybod am y storfa hon cyn hyn. Lledodd gwên ar hyd ei hwyneb. Darllenodd yr ysgrifen – 1999, 2010, 2020. Roedd hi ar fin codi potel 2020.

'Na, gad honna,' meddai'r hen wraig heb droi i edrych. 'Hen flwyddyn ddiflas o'dd honna.'

'Ha!' chwarddodd Awen. Roedd yr hen wraig yn gwybod popeth cyn iddi ei wneud bron.

'Cer 'nôl rhyw flwyddyn neu ddwy. Gwin eirin duon bach. Gad y jin – ddaw hwnna â dim ond dagre. Gwin mwyar, ma hwnnw'n ddigon ffein.'

'Chi'n meddwl bod y blode a'r ffrwythe 'di sylwi ar hynny?' Dim ond blodau oedden nhw, meddyliodd Awen wrthi'i hun. Doedd ganddyn nhw ddim teimladau. Allen nhw ddim teimlo diflastod dyn, meddyliodd.

'Wrth gwrs!' Fflachiodd Ceridwen ei llygaid emrallt. 'Ma natur yn gwrando ar bob dim, 'merch fach i. Mae'n ymateb i'r cwbwl. Wyt ti'n meddwl mai dyn yw'r meistr?'

Cododd Awen ei hysgwyddau. Ymddangosai felly. Gwyddai am ddynion pwerus oedd yn berchen ar bopeth yn ei byd bach ei hun.

'Hy, dim ond gwas bach yw dyn.'

Tawelodd Awen. Roedd byd Ceridwen yn drysorfa o synnwyr cyffredin. O hen ddoethineb. Ysai am gael ymgolli'n llwyr ynddo.

'Bydd y ddaear fyw ar ein hole ni bob un. Dyn bach yn chwarae Duw. Pa!' poerodd. 'Dyn bach a'i ddrygioni yn newid y tywydd â'i gemegion, yn pwmpo gwenwyn i'r awyr, i'r tir, i mewn i'n plant ni! Pa! Gei di weld. Gei di weld…'

Roedd Ceridwen yn gynddeiriog. Fflachiodd ei hwyneb yn daran.

'Creu rhyw fwyd esgus llawn gwenwyn, llanw'n pennau ni gyda rwtsh. Celwydde! Alla i weud wrthot ti'n blaen, dim byd ond gwaith y diafol!'

Cododd Awen ei chlustiau. Roedd hi'n gwybod am waith hwnnw gystal â neb.

'Ma nhw moyn i ni fod yn dost, ti'n deall? Ma arian i'w wneud mewn afiechyd. Cofia di hynny.' Chwarddodd eto. 'I ga'l meddwl iach, rhaid ca'l bolied iach. Dere. Dere i ni fynd o fla'n tân. Mae'n llawer rhy oer fan hyn.'

Ac o fewn dim, llusgodd y ddwy dros y grisiau â photel fach o win yn eu gofal.

Roedd y tân yn marwlosgi wedi iddyn nhw ddychwelyd i'r gegin fach. Prociodd Ceridwen y cols coch. Taflodd bren crin gras ar ei ben a rhofiaid o lo. Byddai'n falch o deimlo'i naws o hyd. Pranciodd ambell fflam fach denau drwy'r glo du. Syllodd y ddwy ar y garreg gefn tân wedi'i herydu gan hen fflamau. Hen straeon wedi eu serio yn y garreg.

Arllwysodd wydraid o'r botel.

'Dim ond digon i ddwyno'r glàs. Thâl hi ddim i ni yfed gormod cyn cinio. Wyt ti'n oer?'

'Nadw,' atebodd Awen a blas yr haf yn llifo drwy ei gwythiennau. Pranciodd y gwreichion yn llygaid Ceridwen.

'Wy'n meddwl mynd am wâc fach fory, lawr i'r pentre.'

Sobrodd Awen. Lledodd panig drosti fel ton. 'Ond pam? Sdim angen i chi fynd, ma digon o bob dim 'da ni fan hyn,' mynnodd.

'Gwranda. Gwranda nawr. Sdim ise i ti boeni dim. Wy wedi

gweud ganwaith, roedd dy fam-gu a fi yn ffrindie. Mae croeso i ti aros yma tan fyddi di'n barod.'

'Sai'n barod, fydda i byth yn barod. Wy ddim yn mynd 'nôl. Alla i ddim mynd...'

'A sdim ise i ti fynd. Fory, bydda i'n mynd. Ma angen hôl neges arna i. Byddi di'n iawn fan hyn. Sdim ise i ti boeni dim. Ma'r lle 'ma'n amddiffynfa i ti. Ddaw neb, wy'n addo.'

Crynodd Awen drwyddi.

Aeth Ceridwen i'w phoced. Tynnodd ddarn o bapur newydd oddi yno a'i agor yn ofalus o flaen llygaid y ferch. Saethodd yr hen ofn drwyddi eto. Darllenodd Awen y pennawd a disgynnodd ei llygaid ar y llun. Adnabyddodd ef yn syth. Cwlffyn. Gallai ei adnabod o bell. Cais gan yr heddlu am wybodaeth.

'Body found after a car accident...' Ei gorff e.

Trodd ei phen yn hunllef fyw. Rhaid eu bod Nhw ar ei thrywydd. Gallai deimlo ei chalon yn carlamu. Teimlodd y gwin yn chwerwi yn ei cheg.

'Wy'n mynd i weld. Dyna i gyd,' meddai Ceridwen yn dawel. 'I weld a glywa i rywbeth mwy.'

'Peidiwch mynd! Wy ddim moyn i chi fynd.'

'Damwain. Os damwain, yna sdim byd yn amheus am hynny. Paid ti becso nawr. Fe ddaw Ceridwen i ben â nhw.'

Ailddarllenodd Awen yr erthygl. Byseddodd y papur er mwyn cael deall yn gwmws. Oedd e wir wedi marw? Roedd hi'n anodd ganddi gredu hynny. Roedd ei hunllefau ei hun yn effro gydag e. Rhaid mai twyll oedd hyn. Allai'r peth fyth fod yn wir.

'Llithro, glei! Dyna ddwedon nhw.' Roedd llais yr hen wraig yn bigog. 'Y car wedi llithro. Rhaid bod rhywbeth neu rywun wedi dod ar ei draws a'i fod wedi troi'r car am y dibyn i'w osgoi. Creadur efallai. Disgyn dros y dibyn. Ie. Damwain. Rhyfedd o fyd, yntyfe?' meddai Ceridwen wrth lyncu'r dracht olaf a chodi'n ysgafn droed i fynd am y gegin.

Llifodd cymysgedd o ryddhad ac ofn i lawr cefn Awen.

'Bu'r car ar goll am bythefnos. Dim ôl sgathru na dim ar yr hewl. Dim ôl brêcs. Dim sôn amdano chwaith. Pawb yn meddwl ei fod 'di mynd ar fusnes, rhyw waith carto, yn ôl y papur. Pythefnos. Amser hir... i farw.'

Darllenodd Awen y darn am y trydydd tro. Soniai am ei waith diflino yn y Cartref, yn gyrru'r plant i lefydd gwahanol. Trodd ei stumog eto. Cofiai amdano'n iawn. Cofiai am Abel hefyd. Dechreuodd grynu.

Cofiodd am gyffro'r gwyliau cyntaf o'r Cartref a fe, Cwlffyn, wrth y llyw. Cael mynd i weld y môr. Cael dillad newydd. Hi ac Abel a'r Lleill. Mynd ar y bws a gweld Syr a'r staff eraill yn chwifio'u ffarwél. Chafodd Abel ddim dod yn ôl ar ôl hynny.

'Wedi dod o hyd i deulu da,' dyna ddwedon nhw. Ond fyddai Abel ddim yn addas i hynny. Roedd e'n rhy hen. Cofiodd grwydro'r coridorau a chanfod bachgen bach newydd yn cysgu yn ei wely. A dim ôl o'i ffrind yn unman, heblaw am lwmpyn Blu-tack lle arferai gadw'i boster.

'Ma Nhw'n siŵr o wybod mai fan hyn ydw i. Ma Nhw'n siŵr o ddod. Fe ddown Nhw!' Roedd ei llais yn floedd.

Gosododd Ceridwen ei dwylo'n dyner ar ei thalcen. Teimlodd y baich. Gallai fyseddu'r düwch a'r llwydni a'r cysgodion trwm. Cododd nhw o'i hysgwyddau bach a'u danfon i'r golau. Am awr yn ddiflino ail-lywiodd feddyliau'r ferch. Trodd y nos yn fore bach o haf. Trodd y storm yn law i dorri syched. Trodd y cyfan yn wanwyn. Yn un hedyn bach o obaith. Yn un hedyn bach.

Eisteddodd Ceridwen, ei chorff ei hun yn gryndod.

Teimlodd flinder mawr yn gwasgu drwyddi. Roedd y ferch ynghwsg. Diolchodd am hynny. Tynnodd y garthen drom dros ei choesau main. Roedd yr ôl llosg hefyd yn dawel, a'i wres wedi dechrau diffodd.

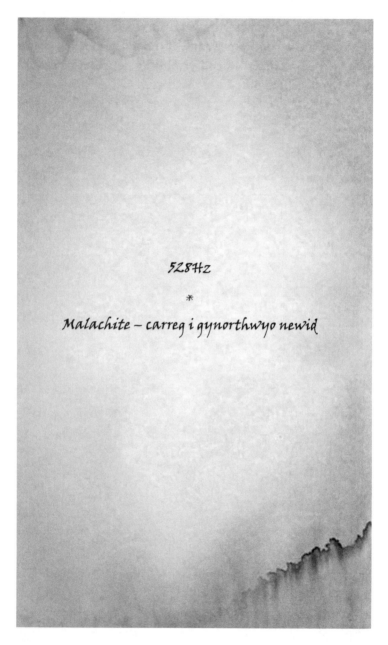

528Hz

*

Malachite – carreg i gynorthwyo newid

Y CIGYDD

ERBYN IDDI GYRRAEDD y dre drannoeth roedd y ddamwain yn hen newyddion. Cafodd rhyw 'angladd dyn dieithr' ei chynnal, a'r gweinidog yn crafu am rywbeth neis i'w ddweud. Cnodd Ceridwen afal wrth eistedd ar fainc gyferbyn â ffenest siop y Cigydd. Un o'r dynion dibwys oedd e. Syllodd yr hen wraig ar ddyn dibwys arall a synhwyrodd nad oedd modd dal mwy nag un pysgodyn ar un bachyn yr un pryd. Syllodd arno. Cigydd bach neis neis. Synhwyrodd werth abwyd da. Roedd hi'n gynnar y pnawn. Byddai'n rhaid gosod yr abwyd ar y bachyn wrth ei wasgu drwy'r metal. Abwyd byw? Wel, ie, wrth gwrs. Hen abwyd tew, diwerth. Gwelodd e'n gwasgu ei gorff mochyn yn erbyn y ferch newydd y tu ôl i'r cownter. Ei ddwylo'n ddyrnau.

Byddai'n rhaid dala'r mochyn bach wrth ei gynffon er mwyn cynhyrfu'r mochyn mawr. Cofiodd am hen ffrind bore oes yn gwneud hynny er mwyn cael sbort. Cnodd Ceridwen yr afal tan bod ei gwefus yn goch. Ie, byddai'n rhaid iddi fod yn ofalus. Byddai'n rhaid iddi ofalu bod gwich y mochyn bach yn ddigon i gynhyrfu'r mochyn mawr. Hwnnw âi â'i bryd.

Dim ond dyn 'ie, ie' oedd hwn. Roedd y byd yn llawn dynion 'ie, ie'. Roedd Ceridwen yn casáu dynion o'r fath. Moch brwnt gyda'r cyntaf yn y cafn. Moch brwnt, a'u drewdod yn llanw'r dre. Cnodd y galon. Gwyliodd e drwy ffenest ei siop yn rhochian chwerthin ar y ferch newydd. Dim ond damwain.

Doedd e ddim wedi bwriadu dim wrth wasgu ei law rhwng ei chluniau. Cynddeiriogodd Ceridwen. Syllodd arno'n oer. Croesodd yr hewl ac aeth i mewn yn ddiseremoni. Gwelodd wyneb y ferch newydd a'i dagrau'n cronni yn ei llygaid. Gwelodd honno ei chyfle i ddianc wrth i gloch y drws ganu bod cwsmer wrth law. Diflannodd i'r stafell gefn.

'Ha! A beth allwn ni neud i chi?' rhochiodd wrth symud a sythu'r cynnyrch y tu ôl i'r gwydr. 'Cyw iâr. Cig mochyn. Cig eidon?'

'Gwerth £5 o sosejys!' poerodd Ceridwen. Edrychodd yntau arni fel pe bai'n hapus i roi mwy na £5 o sosejys iddi, dim ond iddi wenu.

'Hen fochyn,' sibrydodd Ceridwen o dan ei hanadl. Edrychodd y Cigydd arni. Doedd ei glyw ddim cystal ag y buodd. Rhaid ei fod wedi camglywed. Edrychodd ar ei gwefusau.

'Hen fochyn bach brwnt. Cwrso merched ifenc. Paid ti gwadu. Wy'n gwbod dy hanes di.'

Doedd ei gwefus heb symud dim. Rhaid ei fod wedi cymysgu. Gormod o whisgi yn ei waed, mae'n siŵr. Gosododd y cig yn y cwdyn. Rhochiodd chwerthin. Rhaid ei fod wedi camglywed.

'Unrhyw beth arall, cariad bach?' mentrodd ofyn. Edrychodd yr hen wraig arno, ei llygaid gwyrdd yn poeri melltith. Cariad bach, wir!

'Dim diolch.'

Byddai'n rhaid iddi ddysgu gwers iddo. Byddai gosod ei bwrs ar fachyn yn ormod, meddyliodd Ceridwen. Rhy gynnar yn y pnawn, mae'n siŵr. Hmmm. Meddyliodd yr hen wraig. Châi e fyth deimlo gwefr ddim mwy. Ie. Byddai hynny cystal cosb â dim iddo.

'Dim gwefr. Dim gwefr. Dim gwefr. Y Crëwr mawr. Dim gwefr. Ac felly mae, ac felly mae, ac felly mae.'

Chwarddodd Ceridwen wrth adael y siop. Gallai ganu mewn hapusrwydd. Tarodd winc fach slei ar y ferch newydd cyn gadael. 'Llygoden fach, galli di ddod mas nawr.'

Pwyllodd Ceridwen wrth y fainc gyferbyn â'r siop am eiliad. Gwelodd y Mochyn yn llygadu'r ferch newydd. Llygoden fach. Llygoden f-a-ch. Mentrodd ati. Ond yn lle teimlo pleser a boddhad wrth ei chornelu, theimlodd ddim mwy na metal oer yn gwasgu trwy ei abwyd.

CWRDD

W RTHI'N TORRI COED i'r tân agored fu'r ferch tra oedd
Ceridwen yn y dre. Ailosododd y fwyell yn ei lle
ac aeth am y tŷ, ei chôl yn llawn coed bach. Doedd ganddi
fawr mwy i'w wneud. Roedd hi'n bwrw glaw mân ers
achau. Allai ddim eistedd a disgwyl iddi ddychwelyd. Hir
oedd pob aros. Felly er mwyn torri'r dydd, penderfynodd
fynd i'r pistyll. Cododd ei phac ac aeth yn frwd am y llwybr
brwynog gyferbyn â'r tŷ. Doedd hi heb fod yno ers wythnos
a theimlodd dawelwch ei chartref newydd yn treiddio i'w
henaid. Roedd yma swyn, roedd yr hen wraig yn iawn
am hynny. Chwarddodd. Roedd yr hen wraig yn iawn am
bopeth. Dilynodd y llwybr cul a dychmygodd weld y brodyr
hynny yn stori Ceridwen yn naddu'r un llwybr. Wyth corff
cyhyrog yn bugeilio'r mynyddoedd. Pob un â'i bwrpas. Pob
un â'i elfen.

'Aw-en!' Cân y gwynt.

Awen!' Cân y coed.

'Aw-en.' Sibrwd rhwng canghennau.

'Awen?' Dros bant a dôl.

Teimlodd eu lleisiau yn ei thynnu ar hyd y caeau. Eu
chwerthin drygionus yn denu. Denu. 'Dere, Awen, dilyn.
Dilyna fi... Na, fi. Dilyn fi. Fan hyn.' Lleisiau bois y mynydd
yn denu fel ysbryd ei chyndeidiau.

Cyrhaeddodd y dibyn heb dorri chwys. Teimlodd ei
hesgidiau benthyg yn dynn am ei phigwrn.

'Aw-en?'

Blodyn. Llais blodau'r grug yn ei denu i gofio – a fu hi yma o'r blaen? Gwenodd Awen. Do. Efallai iddi fod yma o'r blaen. Yn awel efallai, neu'n ddŵr mewn nant, neu'n flewyn sych o borfa. Gallai ddychmygu ei hun a'i mam-gu a Ceridwen ddoeth yn ferched ifanc, troednoeth, ganrif yn ôl... neu fwy na chanrif... ie, efallai mai dyna a'i denodd i'r fan hon. Roedd hi'n perthyn i'r fan hon, yn perthyn i'r ddrama hon, mewn cyfnod arall, mewn corff arall. Chwarddodd eto. Rhaid ei bod yn wallgo. Rhaid ei bod hi...

'Awen... Aw-en, dere.' Swyn y mynydd, ei nodau clir yn chwarae cwato rhwng y creigiau. 'Dere glou. Dere i chwarae cwato.' Rhedodd ei chalon yn rhydd. Gallai eu clywed yn gôr yn ei meddwl. 'Dere... dere i chwarae 'da ni.' Roedd yr awel yn fyw a hithau fel pluen fach yn arnofio arni. Cyrhaeddodd ben y llwybr. Safodd ar y dibyn.

Doedd dim i'w wneud ond dringo am i lawr i'r gwaelod. Diolchodd nad oedd neb yno. Am le rhyfedd. Am le llawn hud. Synnai nad oedd neb wedi ei ddarganfod. Teimlai'n anweledig, ynghudd rhag llygaid y byd. Teimlai fel pe bai'n camu i fyd arall y tu ôl i'r llen. Lle lle nad oedd amser nac adnabod. Anadlodd y ferch y cyfan a llanw ei hysgyfaint â rhyddid.

Cerddodd yn araf i ganol yr oerni ar ôl matryd. Teimlodd yr oerfel cyfarwydd yn rhwygo'i choesau. Parhaodd i gerdded i'w ganol. Gwyddai y byddai'r oerfel yn dawel ond iddi ddweud hynny ganwaith wrthi'i hun. Plymiodd yn ewn i'w ganol gan adael i'r cyllyll suddo a thrywanu drwy ei chorff. Roedd hi'n rhydd, rhydd, heb ddim i gorddi ei meddyliau. Edrychodd ar y creigiau duon a'r coed yn ymestyn i gwrdd â'r cymylau. Diferodd y glaw. Glaw mân, mân, yn fysedd tylwyth teg ar hyd ei gwar. Roedd natur yn fyw. Disgynnodd i ganol y gwreichion.

Trochodd a nofiodd a boddodd ei gofidiau yn ei ddyfnder.

Wrth iddi ddod am adre, teimlai Awen yn ysgafn ei byd. Gwyddai fod cael bod yng nghwmni Ceridwen wedi gwneud gwyrthiau iddi. Gallai anghofio, ac am gyfnod roedd hi'n hollol rydd. Rhedodd drwy'r cae ac wrth ddringo dros y sticil, rhewodd. Disgwyliodd weld car coch Ceridwen. Ond yn ei le roedd hen fan fach las. Doedd ganddi ddim unman i guddio. Gallai orwedd yn y brwyn, gallai redeg am yn ôl i ddiogelwch y pistyll. Saethodd ei llygaid o ddrws y tŷ i'r fwyell wrth y sied fach. Byddai'n rhaid iddi ei chyrraedd. Doedd hi ddim am fynd 'nôl. Roedd hi'n gwybod gormod iddyn Nhw adael llonydd iddi. Nadreddodd ofn ynddi, a churodd ei chalon. Rhedodd am y fwyell a theimlo cysur o'i chael yn ei llaw. Roedd y fan yn wag a drws y tŷ ar agor. Lleidr. Lladron. Roedden nhw'n gwybod ei bod yma, roedd hi'n siŵr o hynny. Cuddiodd wrth ochr y sied fach. Daliodd y fwyell yn dynnach.

Roedd y dieithryn yn cario dillad i'r tŷ. Gwyliodd e'n cario gitâr i'r tŷ hefyd. Gwelodd e'n cario bocs o recordiau. Un dyn, prin ugain oed, yn cario'i eiddo i'r tŷ. Rhythodd eto, ei llygaid yn sganio'r clos. Doedd dim sôn am neb arall. Doedd dim sôn am Dyrnau.

Cerddodd yn araf at y fan. Rasiodd ei chalon. Dyrnodd gymaint fel na fedrai glywed dim byd arall. Cododd y fwyell yn barod i amddiffyn ei hun. Yna rhewodd.

Syllodd dwy lygad werdd arni.

Sgrechiodd ei hofn. Chwifiodd y fwyell yn syth amdano.

Doedd dim rheswm iddo fod yno. Rhaid ei fod wedi dod i'w nôl. Rhaid oedd ei ladd. Ei ddinistrio fe cyn iddo ei ddinistrio hi. Brwydrodd yntau, gan adael i'r bocs recordiau ddisgyn yn drwsgl ar lawr. Llithrodd y fwyell o'i llaw. Gwaeddodd yntau mewn braw arni.

'Paid! Wow! Nawr aros. Be ffac? Be ffac?!'

Poerodd Awen ei geiriau ato. Roedd fel anifail mewn magl. Synhwyrodd yntau hynny. Tawelodd ei lais.

'Taliesin. Wedi dod adre, am gyfnod, i weld Mam... Wyt ti ar goll? Gwed, wyt ti wedi ca'l dolur?' Pwyllodd. 'Ti'n wlyb, dy wallt di. Dere. Dere i'r tŷ.' Tynerodd. 'Syrpréis i Mam i ga'l dau ymwelydd!'

Mentrodd y llanc ifanc am ddrws y tŷ. Taflodd un cip ar y bocs recordiau ar lawr. Diawlodd, ac eto roedd yr ofn yn llygaid y ferch yn ddigon iddo anghofio'r golled honno.

'Fydd Mam byth yn cloi'r drws. Dyw hi byth yn ateb y ffôn chwaith neu fe fydden i wedi ffonio i weud wrthi i baratoi cinio, dere. Dere mewn. Sgiw. Stof. Cer i eistedd.'

Tawelodd hithau. Syllodd yn wyllt i'w lygaid. Oedd, roedd yna debygrwydd yn bendant.

Syllodd dwy lygad fel rhai Ceridwen yn syth ati.

'Fydda i ddim yn hir. Fe af i wneud te. Mae'n llesol...'

Hanner gwenodd Awen. Ie, llesol. Ymlaciodd yntau o weld y wên dawel yn croesi ei hwyneb ifanc. Cafodd afael mewn geiriau.

'Dy fam?'

'Ha! Ie, mae'n ddigon hen i fod yn fam-gu! Cyw melyn. Stori hir.'

'Wy'n aros 'ma.'

'Aros 'ma? O!' rhyfeddodd. Teimlai fel dieithryn yn ei gartref ei hun. Gwyddai nad oedd wedi bod adre ers misoedd.

'Meddwl ddelen i adre i'r mynydd, i fennu'r traethawd a neud bach o sgwennu, a bach o ymchwil. Mae'r awen yn... Sori, ges i ddim dy enw?'

'Awen,' sibrydodd.

'Awen?'

Nodiodd. Lledodd gwên swil ar hyd ei wefusau. Trodd hithau oddi wrtho. Roedd rhywbeth rhyfedd am ei lygaid.

'Roedd Ceridwen, dy fam, yn ffrindie 'da Mam-gu. Fe ddes i 'ma i...'

Teimlodd embaras yn cerdded drosti. Allai hi ddim esbonio. Methodd edrych i'w lygaid gwyrdd. Parhaodd yntau i syllu. Syllodd am hydoedd â hanner gwên ar ei wyneb. Edrychodd ar ei eiddo yn bentwr anniben ar y llawr carreg. Trodd yn frysiog, ac aeth i nôl dau fŷg o de. Cododd hithau o'i heistedd ac arllwysodd y dŵr berw o'r tegil. Gallai ei arogli. Arogl awyr iach. Tawelodd.

'Ma'n ddrwg 'da fi am y bocs... a'r fwyell. Ges i ofan, meddwl mai...'

'Mowredd, gest *ti* ofan? Fues i'n lwcus i gadw 'ngwddwg!' chwarddodd, ei wên fel un Ceridwen, yn ddrygioni i gyd. Syllodd arni eto.

Trodd Awen ei phen yn sydyn. Cofiodd am ei hwyneb llosg. Cywilyddiodd.

'Sori, dyw e ddim busnes i fi. Fe af i â'r pethe 'ma lan llofft o'r ffordd. Bydd digon o le 'ma i ni'n tri. Ha! Jiw jiw, bydd, roedd deg yn arfer byw 'ma.'

'Ie, deg,' atebodd hithau gan wybod y stori ar ei chof. 'Wyth brawd.'

'Ie,' pwyllodd yntau. Roedd rhywbeth cyfarwydd amdani. Gallai dyngu hynny, ac eto...

Eisteddodd Awen yn dawel wrth dynnu record arall o Elvis o'i llawes denau. Roedd y gegin fach yn gymen unwaith eto a sŵn yr hen chwaraewr recordiau yn troi'r hen ganeuon dros y clos.

Roedd wyneb Ceridwen yn benbleth pan welodd y fan ar y clos a'r drws ar agor.

'Wel, wel,' meddai'r hen wraig gan gario'r bocs o negeseuon dros drothwy'r drws. 'Ma fe'n ôl, yw e? Lle wyt ti, gwed? Y cyw melyn ola wedi dod 'nôl at ei fam... Ha!' Lledodd balchder drwyddi. ''Machgen glân i,' meddai gan daflu ei breichiau amdano. Trodd at y ferch. 'Pawb yn gweud bod ei fam yn gas iddo fe. Bod e wedi gorfod dianc o'i chrafangau,' cellweiriodd. 'Celwydde, yndyfe, 'neryn bach i.' Cynhesodd ei chwerthiniad drwy'r tŷ i gyd. Teimlodd yntau ei balchder wrth iddi frwcso'i wallt melyn o'i lygaid gwyrdd. 'Mab ei fam, bob tamaid. Sdim ots 'da fi beth wedan nhw.'

'Wedi rhedeg mas o arian, Mam, a meddwl ddelen i adre i gwpla'r ymchwil a neud bach o sgwennu. Mae Awen fan hyn yn gweud eich bod chi'n ei chadw hi 'ma ar brentisiaeth. Help i gasglu'r perlysie pan ddaw'r amser.'

'Naddo, wedes i mo hynny.'

'Tynnu dy goes di ma fe. Un fel'na yw Tali.'

Culhaodd llygaid Ceridwen. Mesurodd Awen. Gwyddai ei bod yn fregus. Ond gwyddai hefyd fod Taliesin yn gystal doctor â hi. Gwell os rhywbeth – pe bai'n rhoi ei feddwl ar waith, yn lle taflu ei din dros y môr ac ysgrifennu rhyw ganeuon diddiwedd.

Diod garth

96. *Rho werth ceiniog o stwbiwm
(stibium) a chwala fe'n fân fel fflŵr, a
dod e am ddiwrnod a noswaith i wlychu
mewn hanner peint o gwrw da. Rho fe i'r
claf i'w yfed ar stumog wag y bore. Boed
i'r claf ei yfed deirgwaith. Wedyn, rho
ddŵr ffynnon wedi ei gynhesu, ac ynddo
fenyn da a mêl. Boed i'r claf ei yfed
ddwywaith neu dair ac iach fydd ef.*

*

*Lapis lasuli – carreg las i amddiffyn
rhag niwed corfforol*

MYND AM DRO

Teimlai Taliesin ryddhad o fod adre. Syllodd ar y mynyddoedd o'i amgylch. Diolchodd am hynny yn lle mynyddoedd concrid y ddinas. Clywodd lais ei fam yn gweiddi arno i godi a hithau ond yn chwech y bore. Doedd rhai pethau byth yn newid. Aeth am i lawr yn hanner noeth, ei wallt yn wyllt a'i wyneb fel cath heb ei llio. Sibrydodd Ceridwen wrtho,

'Beth yw dy blans di am heddi, gwed? Meddwl falle fydde fe'n neis i ti fynd ag Awen mas am wâc i rywle newydd. Dyw hi heb adael y tŷ ers iddi gyrraedd... neith les iddi weld rhywbeth heblaw am y clos.'

Edrychodd Taliesin arni. Gallai synhwyro rhannau o'i hanes, ac eto roedd wedi gobeithio treulio'r amser ar ei ben ei hun. Chwilio tawelwch er mwyn mynd ati i ysgrifennu. Cerdded y mynyddoedd er mwyn cael rhyw fflach o ysbrydoliaeth. Gallai Ceridwen synhwyro ei ymateb a mentrodd,

'Wy 'di neud bach o bicnic i chi'ch dou. Cer â hi. Bydd dy fam fach yn ddiolchgar i ti. Be ti'n weud?'

'O! Mam, nawr c'mon. Sdim... diddordeb.'

Gwenodd Ceridwen. Taliesin! Roedd e wastad yn un am y merched. Edrychodd ar ei fam eto, gan ymbil arni i beidio busnesa. Gwenodd y ddau ar ei gilydd. Doedd dim angen geiriau.

'Dim ond picnic, Taliesin bach. Bach o awyr iach a bwyd.

Sdim ise i ti boeni. Gymrith flynydde iddi drysto dyn, hyd yn oed un bach ffein fel ti.'

Aeth am yn ôl i'w stafell, ac arhosodd wrth ddrws stafell Awen. Ysgydwodd ei ben. Roedd rhyw ddrygioni yn perthyn i'w fam o hyd.

Erbyn saith roedd y ddau yn barod i fynd i gerdded. Diolchodd Awen am gael rhywbeth newydd i dynnu ei sylw, i dorri swyn ei gofidiau. Cododd y bag a'i roi ar ei chefn. Roedd Taliesin yn chwerthin gormod i fod yn gysurus. Roedd rhyw nerfusrwydd yn perthyn iddo. Roedd dyletswydd i'w fam yn ei phoeni hefyd.

'Sdim rhaid i ti fynd â fi i unman. Wy'n ddigon hapus yn y tŷ.'

Teimlai ei bod yn faich iddo. Tynnodd ei chap dros ei phen i geisio cuddio'r marciau llosg orau y gallai. Chwarddodd yntau eto, a'i nerfusrwydd yn naddu.

'Syniad Mam, meddwl fydde well i fi ddangos y mynydd i ti.'

'Os nad wyt ti moyn mynd, fe af i ar ben fy hunan. Bydda i'n iawn. Fe garia i'r fwyell 'da fi,' atebodd hithau'n swrth.

'Mowredd, dal sownd! Wyt ti wastad mor ffyrnig? Wyt ti'n meddwl bod rhywun yn mynd i dy ladd di? Fan hyn?'

Chafodd yr un ateb. Syllodd arni. Darllenodd ei meddyliau a gwelodd ei gorffennol.

'Sdim angen i ti fynd â'r fwyell. Wy moyn mynd â ti. Wy moyn mynd, ocê? Bydd e'n help i fi fennu sgrifennu'r traethawd coleg.'

Cerddodd y ddau dros y borfa grin, dros y twmpathau

pridd, dros y brwyn a'r pyllau mwdlyd. Suddodd tawelwch drostynt. Roedd y gwaith cerdded yn anodd ac yn flinedig ond roedd rhyw ddaioni o gael bod yn yr awyr agored. Cerddodd y ddau am bron i awr a dim ond y gwynt i dorri'r tawelwch. Roedd y mynydd yn eang a Ceridwen wedi ei brynu i gyd i fagu dim ond anialwch. Ambell goeden unig, ambell bwll. Ambell garreg hir yn atgof o'r oes a fu. Cylchoedd claddu. Cerrig twymo. Roedd hanes ym mhob twll a chornel. Pob murddun a phant. Pob twll cwningen. Trodd y ddau gan ddilyn llwybr cul lle bu defaid mynydd yn pori.

'Bydden i wrth fy modd yn byw fan hyn yn blentyn.'

'Nid fan hyn cest ti dy fagu?'

'Na! Gath Mam *breakdown*. Fe wahanodd wrth Dad a dod fan hyn i wella, ymhell o bob man,' meddai Taliesin wrth dynnu anadl ddofn a thynnu hosan dros ei esgid.

Synnodd Awen o glywed hynny. Roedd Ceridwen yn edrych yn rhy gryf i hynny.

'Dyna pam mae'n gryf,' atebodd Taliesin hi, heb iddi ddweud yr un gair. 'I greu dur ma'n rhaid i ti ei dwymo ganwaith a'i gledro i'w galedu... dyna sy'n ei gwneud hi'n galed. Oer ar adegau. Roedd hi wastad yn fisi, pan oedden ni'n blant. Wastad y gwaith yn dod gynta, raso i ddala amser, hala pob munud sbâr yn chwilio am rywbeth ac yna, pan o'n i'n ddeuddeg, fe dorrodd hi bob cysylltiad 'da Dad a finne... a diflannu... fan hyn...'

Tawelodd gan aildeimlo pwysau'r cyfnod. 'Gymrodd flynyddoedd i ni ddod 'nôl at ein gilydd, fel teulu. Pan ddigwyddodd hynny ro'dd Mam wedi gwrthod ei hen fywyd i gyd. Ro'dd hi wedi tyfu'n wyllt i gyd fel y brwyn 'ma. Ambell lythyr, ambell garden ben-blwydd. Ro'dd yn rhaid iddi ddod fan hyn, glei... rhywbeth yn ei thynnu'n ôl. Wrth gwrs, do'dd dim lle i ni i gyd bryd hynny.'

'Wrth chwalu dwy blaned mae modd creu planed newydd,' myfyriodd Awen.

'Be?'

'Dim, jyst rhywbeth wedodd dy fam p'nosweth.'

Gallai Awen uniaethu â hynny. Yr ysfa i ddianc, i deimlo'r byd yn chwalu a'r gobaith y gallai greu gwell byd o fod wedi dioddef yn y ffrwydrad. Teimlodd yr awel yn cynhesu ar ei bochau a stopiodd am eiliad. Tynnodd y bag oddi ar ei chefn ac estynnodd botel o ddŵr ffynnon ohono. Yfodd, cyn ei chynnig i Taliesin. Roedd rhyw fflam yn ei lygaid. Teimlai dawelwch yn ei gwmni. Roedd rhyw ddaioni ynddo. Gallai deimlo ei garedigrwydd.

Penderfynodd y ddau eistedd am hoe. Roedd gwres y bore wedi taflu ei rwyd amdanynt. Yfodd y ddau'r tawelwch. O gornel llygad gwelsant farcud coch yn saethu drwy'r awyr, ac yna ei gymar. Troellodd y ddau i fyny fry, cyn plymio'n dawel ar awel y gwynt.

Tynnodd Taliesin ei gyllell boced o'i got. Teimlai fel plentyn wyth oed yn mentro oddi cartref am y tro cyntaf. Cafodd afael mewn brigyn a naddu blaen iddo. Edrychodd Awen arno'n ddiniwed. Cynigiodd y gyllell iddi a derbyniodd hithau hi gyda diolch.

Wrth orwedd yng ngwres bach yr haul teimlodd Awen awydd i rannu ei hanes. Mentrodd.

'Fe losges i... fy wyneb.'

Cododd Taliesin o'i orwedd. Allai byth ddweud nad oedd wedi sylwi. Roedd ôl y bolleth yno'n blaen. Yn sydyn, gwthiodd Awen flaen y gyllell yn gadarn i'r pridd. Trywanodd y pridd eilwaith, a chael blas ar wneud.

'Ma 'na ddynion ar fy ôl i.' Tynnodd y darn papur newydd o'i phoced a'i osod yn ofalus yn llaw ei ffrind. 'Dy fam ddoth â hwn i fi. Mae'n meddwl mai damwain oedd e.'

Darllenodd Taliesin y geiriau. Edrychodd ar y llun. Dyn yn ei bumdegau a'i dagell yn dew ac yna llun o'i gar.

'Wy am i ti fynd â fi fan'na.'

Rhythodd Taliesin. Doedd dim synnwyr mynd i'r fan honno.

'Fydd dim byd ar ôl i weld, na fydd?'

'Wy am i ti fynd â fi. Wnei di?'

Nodiodd Taliesin yn ufudd. Gwyddai mai hyn oedd cynllwyn ei fam o'r dechrau. Wâc fach a phicnic, wir. Dylai fod yn ei hadnabod erbyn hyn.

'Beth wyt ti'n disgwyl gweld? Fydd 'na ddim mwy na thwll yn y clawdd ger y dibyn falle. Neu goeden neu ddwy wedi eu chwalu.'

'Wy moyn mynd i weld y tân.'

Gwyddai nad oedd dewis ganddo. Ystyriodd. Rhaid eu bod nhw ryw awr oddi yno. Gallen nhw ddilyn llwybr dros y mynydd.

'Awr falle.' Nodiodd hithau. Roedd yn rhaid iddi weld drosti ei hun. Rhaid.

Ar ôl treulio ambell noson yn campio'n wyllt ger y clogwyn, gwyddai Taliesin am lwybr tarw allai grafu rhyw ddeg munud oddi ar y siwrne. Cytunodd heb ddweud yr un gair. Nodiodd eto, ei lygaid gwyrdd yn gynnes.

Ar ôl cerdded yr unigeddau am awr arall, daeth sŵn traffig ar yr heol fawr gerllaw. Rhewodd Awen, a theimlo'r hen densiwn yn naddu drwy ei chorff. Gosododd Taliesin ei law ar ei hysgwydd. Gallai ddarllen ei theimladau.

Wrth ddod yn agosach at yr hewl, cynigiodd,

'Fe af i. Aros di fan hyn. Fe groesa i lawr i'r hewl fowr ac fe ddof i'n ôl â gwbod i ti.'

Wyddai e ddim beth oedd hi'n disgwyl ei weld yno.

'NA!' mynnodd. Roedd yn rhaid iddi weld drosti ei hun.

Croesodd y ddau'r tarmac cynnes, a rhedeg yn gyflym at y dibyn gyferbyn. Car. Car du. Lorri. Fan. Tawelwch. O'r fan hon o dan yr hewl fawr, doedd dim i ddangos ôl y ddamwain heblaw rhuban plastig yr heddlu. Doedd yr un sgrech brêc ar yr hewl. Edrychai fel pe bai'r car wedi troi o'i wirfodd, heb 'run brys na dim i'w wthio'n ei flaen dros y dibyn serth. Ym mrigau'r coed oddi tano, serch hynny, roedd y dinistr. Rhwygwyd dwy goeden gul o'u gwreiddiau. Ac ar waelod y bancyn roedd clwyfau'r pridd yn gwenu'n frwnt.

Cyrhaeddodd y ddau waelod y dibyn. Doedd dim ar ôl ond atgof. Olion tân. Arogl petrol. Cribodd y ddau'r ardal gan gerdded y tir clwyfedig. Chwilio am rywbeth bach. Rhyw dystiolaeth. Doedd dim.

Gosododd Awen ei llaw ar ei boch. Cofiodd wres y tân fel diferynion poeth, gwreichion yn tasgu dros groen ei hwyneb. Fflamau yn cydio yn y car ac yna teimlodd ei hun yn cael ei deffro, a'r awydd mwyaf rhyfedd, rhyw nerth o rywle yn ei hannog i redeg. Cofiodd agor drws y car a rhyfeddu nad oedd arni'r un niwed heblaw tri diferyn twym ar ei boch. Cofiodd edrych am yn ôl a'i weld e'n straffaglu yn ei sedd. Syllodd ar y fflamau yn cydio ynddo, yn ei feistroli. Safodd hithau yno yn y glaw yn ei wylio'n ymladd i ddatod ei wregys. Ymladdodd i agor y drws. Syllodd ar y fflamau. Y fflamau fel cot amdano. Gallai fynd i'w helpu. Dewisodd beidio.

'Ti 'di gweld digon?'

Nodiodd hithau. Roedd blas y noson yn dal ar ei thafod.

Cerddodd y ddau am yn ôl yn gymysg o flinder a siom. Gwyddai'r ddau y byddai'r wâc am adre yn hirach.

Ac eto, doedd dim hast.

Ar ôl mynd yn ddigon pell o'r lle, eisteddodd Taliesin a thynnu picnic ei fam o'r bag. Diolchai amdano erbyn hyn. Rhannodd y brechdanau wy gydag Awen ac eisteddodd y ddau heb ddweud dim wrth ei gilydd. Methodd Awen fwyta.

Yn annisgwyl, o boced ei got, tynnodd Taliesin gadwyn fach gul. Estynnodd hi i Awen. Arni roedd pluen fach arian.

'Lle gest ti...?' Gwyddai Awen yn syth. Ei phluen fach hi oedd hon. Doedd hi heb ei gweld ers noson y ddamwain. Ffieiddiodd wrth gofio am hynny. Cofiodd sylwi iddi ei cholli. Syllodd i lygaid Taliesin. Doedd dim angen iddi ddweud mwy. Roedd e, fel ei fam, yn gwybod.

Rhag byddaru

64. Cymer winwnsyn coch a'i ferwi
mewn sawstred mêl (oxymel) a dod
ato ddyrnaid o frag ceirch a dail rhyw
(rue) a ffenigl coch, ac yna berwa
ynghyd a dod hwnnw mewn llefrith
cynnes. Rho y gymysgedd yn y glust dros
nos a bore. Gyda gwlân oen du, caea y
glust fel na ddelo allan yr eli a hynny a
bair clywed yn rhyfeddol; profedig yw.

ADDO

Roedd yr adar yn trydar wrth i'r ddau ddod am y clos, eu coesau'n wan, gan gerdded a'u cotiau'n chwys am eu canol. Cerddodd Taliesin am y nant fach ger y tŷ, tynnodd ei esgidiau a'i drowser a chamu iddi. Trodd at Awen. Ond roedd honno'n fud ac yn fyddar i'w eiriau.

'Dere mewn. Mae'n oer.' Gorweddodd yno fel ci defaid ar ddiwrnod cneifio. Sylwodd hithau ar ei gorff cyhyrog wrth iddo ymestyn yn y dŵr. Ysai am gael dileu ei gorffennol. Ond roedd hi'n gaeth iddo fel un ar gyffuriau. Gwyddai nad oedd lles, ond doedd byw heb y gorffennol ddim yn bosib. Ddim eto.

Aeth am gysgod y tŷ. Roedd Ceridwen wrthi yn y seler fach yn carto a storio. Wiwerodd ei ffordd o'r oerfel i wres y stof. Eisteddodd Awen yn y gadair freichiau.

'Bydd rhaid i fi fynd cyn hir.'

'Be?' Synnodd yr hen wraig. 'I ble'r ei di?'

'Sai moyn bod dan draed. Ma'ch mab yn siŵr o fod moyn llonydd 'da'i waith. Fe af i am 'nôl. Bydd hen ffrind yn siŵr o roi soffa i fi am gwpwl o nosweithiau tan i fi glirio 'mhen a cha'l swydd falle...'

'I ble'r ei di, gwed? Sdim rhaid i ti. Ma ise i ti wella'n iawn gynta,' rhybuddiodd Ceridwen.

Teimlodd Awen wres ei cherydd. Doedd hi ddim am fynd i unman ond gwyddai y byddai'n rhaid iddi fynd yn y diwedd. Yr un man iddi feddwl am hynny nawr. Dim ond twyllo ei hun fyddai hi wrth feddwl y gallai guddio yn y mynydd am byth. Gallai dorri ei gwallt. Ei wisgo'n wahanol, i guddio'r graith. Gallai symud ymhell bell o'r fan hon. Dwyn y car. Wel, ei fenthyg efallai. Mynd mor bell ag y gallai. Gallai gysgu ynddo. Ie, fyddai dim angen gofyn am soffa arni wedyn. Ac am arian, wel, roedd yna ddynion, yn doedd?

Roedd Ceridwen erbyn hyn wrth ei phen fel eryr. Gallai glywed y meddyliau'n troi fel melin wynt ym mhen Awen.

'Fe addawes i... Fe addawes i i dy fam-gu.'

'Beth?'

'Fe addawes i i dy fam-gu. Fuodd hi 'ma, pan ethon nhw â ti gynta i'r Cartref, ar ôl colli dy fam. Doedd dim hawl 'da hi, nag oedd? Dim yn ôl y llys teulu. Rhyw ddiawled wedi neud yn siŵr o hynny, palu celwydde... gweud bod dy fam-gu ddim yn ffit i edrych ar dy ôl di. Diawch erio'd, o'dd y ffycyrs i gyd yn ei herbyn hi... ac i beth, gwed? E? Ma Ceridwen yn gwbod beth o'dd tu ôl i'r cwbwl... O, ody.'

'Pam wnaethoch chi ddim rywbeth, bryd hynny?' holodd Awen. Methai ddeall.

Tin-drodd Ceridwen. Doedd hi ddim am ddweud gormod. Cliriodd ei gwddw cyn mentro.

'Am mai dyna oedd dy ddewis di,' mentrodd yn bwyllog.

'Fy newis i?' brathodd Awen.

'Ie, dy ddewis di.'

'Pryd fuodd hyn yn ddewis i fi? Wnes i ddim dewis. Dim byth. Chi'n clywed? Dim byth.'

'*Do*, mi wnest ti.'

'Wel gwedwch wrtha i, plis, pryd ddiawl ddewises i fod yn rhan o'r uffern hyn, e?'

Rhwbiodd Ceridwen ei gên. Trodd i syllu i fyw llygaid y ferch. Mentrodd.

'Cyn i ti ddod i'r byd.'

Suddodd calon Awen i'r llawr. Doedd hi ddim am glywed mwy am 'brofiad yr enaid', am 'ddewis dy wers cyn i ti ddod i'r bywyd hwn, mewn rhyw stafell aros yn rhywle y tu draw i'r cymylau'. Dyna ddwedodd Ceridwen wrthi.

Doedd y cyfan ddim yn gwneud synnwyr. Pwy fyddai'n dewis cael ei arteithio? Ei threisio? Ei bradychu gan deulu? Pwy fyddai'n dewis hynny? Cael bod mewn uffern drwy ddewis? Saethodd fel mellten drwy'r drws a'i chalon yn fflamau. Doedd hi ddim am dderbyn hynny. Roedd y peth yn wallgof. Rasiodd ar draws y clos a rhedeg, rhedeg, rhedeg nes ei bod yn ddigon pell oddi wrth bawb a phopeth.

Yn y llwydnos, Taliesin ddaeth i'w hachub. Roedd hi'n oer a'i dagrau wedi crafu eu hôl ar ei llygaid. Teimlodd ryw ryddhad o gael cwmni. Hoffai pe bai wedi dod ynghynt. Byddai wedi bod yn anodd iddi fynd am 'nôl ar ei phen ei hun. Ymddiheuro a dymuno nos da. Mynd am y llofft a chau'r drws a'i bola'n wag.

Eisteddodd Taliesin yn rhy agos ati. Teimlai fel symud oddi wrtho, ond am ryw reswm roedd hi wedi rhewi yn ei hunfan. Doedd hi ddim yn gyfforddus fel arfer. Roedd rhyw fygythiad mewn dynion, yn enwedig y dynion roedd hi'n eu hadnabod. Dynion barus. Dynion oer. Dynion creulon. Gosododd Taliesin ei fraich yn dadol amdani ac eistedd yn ei chwmni. Doedd dim hast i ddim. Syllodd y ddau ar gochni'r awyr yn llusgo cwmwl o'i ôl. Clywodd y ddau'r brain yn crawcian nos da, a'r pistyll islaw yn naddu ei ôl yn y graig oddi tanynt.

'Mam yn gallu bod yn... galed weithie,' mentrodd. 'Ma'i chalon yn y lle iawn, ond wy'n gwbod, ma pobol wedi eu magu i feddwl bod y byd hwn yn bopeth. Mai dim ond un bywyd sydd, a bod pob peth yn bersonol. Ond i Mam, ti'n gweld, dim ond actio ar lwyfan bywyd y'n ni. Gwisgo'r wisg hon heddi, un arall fory, newid personoliaeth, newid cymeriad, byw'r cwbwl fel mewn sgript ac yna ar ôl i ti fennu perfformio rwyt ti'n mynd adre. A'r tro nesa...'

'Ie, tro nesa bydda i'n dod 'nôl yn ddyn! Neu'n bla... ac fe ladda i nhw i gyd!' poerodd Awen yn ei dolur.

Blinodd ar hen stori Taliesin. Doedd hi ddim yn ei choelio. Cododd yn sydyn a cherdded am i lawr yr holl ffordd i'r pistyll. Tynnodd ei dillad trymaf a cherddodd i'r dŵr oer. Syllodd Taliesin arni, ei lygaid yn dawel, fwyn. Dilynodd hi. Roedd wedi addo i'w fam y byddai'n gwneud hynny.

Syllodd ar ei choesau, ei siâp yn y dŵr. Roedd hi'n dal, yn osgeiddig, yn dlws hyd yn oed. Trodd oddi wrthi ac aeth i eistedd ar y graig gerllaw. Taflodd gerrig i'r berw. Cerrig mân, cerrig mwy. Rhyfeddodd at y pistyll a'i ddŵr yn rhaeadru'n fyw i'w wely islaw. Gwrandawodd ar guriad y dŵr yn deffro'r graig. Olion canrifoedd o ddŵr yn cylchdroi ei ffordd o'r pyllau i'r nant i'r afon i'r môr. Gallwn i fyw fan hyn, meddyliodd. Codi bwthyn bach hen ffasiwn, neu ail-wneud un o'r adfeilion ar dir y mynydd. Digon o le iddo a'i gitâr. Tân yn un gornel. Cadair gyffordddus a chroen dafad dros y gwely clyd yn y gornel arall. Fel hen fwthyn bugail yng nghesail y graig. Gallai ddychmygu'r cyfan tan iddo weld Awen yn codi ei choesau i gicio dŵr oer ar ei draws.

'HA!' chwarddodd. 'Dyw hi ddim yn amser cysgu... dihuna! Ha!'

Cododd yn sydyn er mwyn cadw ei ddillad yn sych. Roedd

wedi gwlychu unwaith yn barod a doedd e ddim am deimlo'r oerfel gwlyb yn nadreddu drwy ei ddillad cynnes, glân.

'Hei, gad hi, gwd gyrl!'

Llenwodd ei hwyneb â sbeit croten fach. Chwarddodd ar ei ymdrechion i gysgodi. Ciciodd y dŵr unwaith yn rhagor. Ciciodd yn ddiflino, ac fel brawd mawr neidiodd yntau i'r dŵr i dalu'r pwyth yn ôl.

Erbyn iddyn nhw fynd tua thre roedd y nos yn ddu ac yn ddi-sêr.

Rhag gwynt

1. Cymer had perllys a gwasga nhw yn dda a'u berwi yn eu sudd ac yf e'n frwd pan fo'r boen arnat.

*

Rhag y ddannoedd

7. Cymer ddistyll rhosod cochion ac ychydig gŵyr mêl ac ychydig menyn newydd, yr un faint o'r cwyr a'r menyn; todda ynghyd mewn dysgl. Gwlycha liain ynddo a gosod hwnnw ar yr ên lle bo'r dolur mor frwd ag y gelli ei oddef.

COFIO

EISTEDDODD AWEN WRTH y ford. Roedd gwaith ganddi i ysgrifennu'r holl ryseitiau. Methodd ddeall ysgrifen yr hen wraig. Holodd hi eto, ond ni chafodd ateb. Rhaid ei bod wedi mynd mas.

Cododd i droi'r cawl oedd yn ffrwtian berwi ar y stof. Clywodd dincran ar y clos. Roedd Taliesin wedi dechrau ar beintio'r hen dai mas. Y beudy a'r sgubor. Roedd gwres yr haul wedi codi'n fore. Cafodd ddigon ar ysgrifennu. Aeth am mas i'r haul a theimlo gwres gwên Taliesin.

'Cydia mewn brwsh os ti moyn. Ma digon o waith i ni'n dou.'

Trodd Awen y brwsh yn ei llaw a phenderfynu helpu. Gwell oedd hynny na chwato yng nghysgodion oer yr hen aelwyd fach. Trodd y paent yn y bwced er mwyn cymysgu'r gwyngalch. Trodd eto dan gyfarwyddyd ei ffrind newydd. Gwyliodd e'n troi ei frwsh coes hir yn y cynnwys a'i wasgu i grofen y wal. Roedd mannau'n hollol noeth a'r garreg yn y golwg, mannau eraill yn wyn fel eira.

Diolchodd am gael bod yn weithgar, am gael bod yn gorfforol. Llwyddai hynny i gadw ei sylw oddi ar bob dim arall. Doedd dim sôn pellach am y ddamwain. Ddaeth clustiau Ceridwen â dim mwy o'r hanes. Rhaid mai damwain oedd hi. Rhaid fod pawb wedi derbyn mai damwain oedd y cwbwl ac eto, wrth daenu'r gwyngalch ar hyd y wal gwyddai'n iawn nad damwain oedd hi.

Roedd hi yno. Cofiodd weld hebog yng nghanol y ffordd. Hebog anghyfarwydd ei faint, ei adenydd ar led a'i lygaid yn serennu. Byddai Cwlffyn yn dod i'w nôl hi yn aml o'r Cartref. Weithiau Cwlffyn, weithiau Dyrnau, weithiau'r dynion eraill. Taith fach i'w ffefryn. Gwyddai'n iawn beth oedd o'i blaen. Bu yno droeon cyn hynny. Weithiau byddai mwy nag E. Weithiau byddai Syr yno hefyd. Weithiau byddai ganddi gwmni'r Lleill. Weithiau fyddai ddim. Doedd Cwlffyn ddim wedi meddwi'r noson honno.

Dim ond act fach, chwarae rôl. Cloi pwy oedd hi go iawn am y nos ac esgus bod yn rhywun arall. Doedd hi ddim yno go iawn. Dim ond chwarae tylwyth teg ar waelod yr ardd... diflannu i'r fan honno am y nos. Cofiai amdani yn ei dillad dawnsio. Balerina fach yng nghegin ei mam-gu, yn lân ac yn bur, yn dawnsio a throelli a dawnsio. 'Wy am fod yn actores, Mam-gu, actores neu ddawnswraig.' Dyna i gyd oedd hi. Balerina fach wen fel tylwythen fach deg yn dawnsio, dawnsio. Cael bod yn enwog ac yn dlws. Ond actio roedd hi bryd hynny hefyd wrth iddyn Nhw ei ffilmio. Nid hi go iawn oedd hi bryd hynny chwaith. Dim ond cymeriad mewn ffilm i ddynion brwnt. Dim ond tylwythen fach lân i ddynion brwnt.

Erbyn iddi ddringo o'r car gallai deimlo gwres y fflamau yn cau amdani. Yno yn y dwndwr. Roedd y cyfan wedi digwydd mor araf. Un funud roedd Cwlffyn yn chwerthin a'r funud nesaf roedd y ddau ohonyn nhw'n hedfan drwy'r coed, a'r car yn disgyn, disgyn, disgyn yn ddiadenydd. A'r hebog... ie, hebog anferth, â'r llygaid sêr yn glanio, rhowlio, glanio.

Clywodd ei sgrech ei hun yn cordeddu yn ei gwddw a'r funud nesaf roedd hi'n rhydd o'r car a'r fflamau wedi diffodd. Wyddai hi ddim beth i'w wneud. Oedd e wedi marw? Roedd wedi bennu ymladd a'r fflamau wedi diffodd. Ac eto, o'r llwydnos teimlodd yr awel yn ei galw i redeg. Rhedodd oddi yno heb ddim ond yr hyn oedd ganddi yn ei phocedi.

Trwy berfeddion nos cerddodd. Daeth y tywyllwch yn olau ar ôl iddi gyfarwyddo ag e. Ac wrth gerdded a cherdded o gysur tarmac ymhell o'r dre teimlodd y cyfan yn rhaffu drwy ei gwythiennau.

Trodd am yn ôl ganwaith. Sgrech? Gallai dyngu iddi glywed sgrech. Na. Dim ond y gwynt ym mrigau'r coed. Cerddodd yn ei blaen heb stopio.

'Awen. Aw-en?' Llais Taliesin yn gofyn am fwy o baent.

Dadebrodd. Wrth gwrs, roedd hi yno yn ddiogel. Wrth gwrs – paent. Cymysgodd ragor o'r calch i'r dŵr, ei droi a'i droi tan ei fod yn gwstard tenau.

'Ti'n iawn? Awen? Ti'n ocê? Ti'n edrych ar goll i gyd. Mae brwsh yn y sied os wyt ti am ymestyn lan i'r top. Falle byddai'n well i ti ei glymu wrth goes brwsh llawr.'

Gallai weld ei wyneb a'i wefusau'n symud, ond doedd y geiriau'n gwneud dim synnwyr o gwbl iddi. Daeth ati yn y diwedd a gosod ei frwsh ei hun yn ei llaw a sôn rhywbeth am wres yr haul, a bod croeso iddi fynd i'r tŷ os nad oedd hwyl arni i beintio. Syllodd i'w llygaid. Gallai foddi ynddynt. Deffrodd Awen o'i hen hunllef.

'Ie, meddwl am y llunie o'n i,' meddai yn y diwedd.

'Pwy lunie? Peintio sied fyddwn ni heddi, nid rhyw bictiwr yn tŷ. Wyt ti moyn gwaith neu ddim? Sdim ise dy help di arna i, fe ddof i ben nawr.'

Nodiodd Awen. Byddai, wrth gwrs y byddai'n helpu.

Dringodd yn hanner meddw i ben yr ysgol. Daliodd yntau'r gwaelod a gwylio'r corff bach bregus yn dringo'n dawel.

Ymestynnodd y brwsh i'r paent a'i daenu ar y wal. Ymestynnodd eilwaith, deirgwaith a gwasgu'r gwyn dros y cerrig noeth. Eu gwisgo'n gynnes yng ngwres yr haul, a'u cwato rhag y gwynt.

'Ti moyn i fi neud hynna? Awen! Dere di lawr fan hyn i ddala'r ysgol ac fe af i lan.'

Doedd hi ddim yn gwrando eto. Dychmygodd Awen y lluniau ohoni. Y ffilmiau ohoni'n groten fach. Yr hyn oedd wedi prynu ei henaid am hir. Treiddiodd arswyd drwyddi. Roedd adenydd y dylwythen fach wedi disgyn i ffwrdd a'r ffrog a'i ffrils yn dyllau dyn drwg, a'i dafod yn llyfu'i chywilydd.

Disgynnodd gam wrth gam o'r ysgol a chyrraedd y gwaelod. Syllodd ar Taliesin.

'Be?'

'Dim,' meddai yntau. 'Dim byd.'

Doedd hi heb glywed dim o'i eiriau.

Erbyn hwyr y pnawn roedd y lle ar ei newydd wedd yn werth ei weld. Arllwysodd Ceridwen fasned o gawl iddynt oll a'i fwyta'n dawel ar sedd clawr bwced. Roedd ôl haul cynnar mis Mawrth ar war Taliesin. Teimlodd Awen ei wres. Gwenodd.

Cochodd yntau, ei wyneb yn cuddio cyfrinach.

'Cer i roi bach o fiwsig mla'n, Tali. Neis ca'l bach o sŵn ar y clos. Falle gewn ni barti bach nawr. Ni'n tri. Parti yng ngole'r lleuad. Fe gynnwn ni dân bach mas fan hyn, dod â bob o belen i eistedd, carthen yr un i'n cadw'n gynnes, be ti'n weud, Awen fach? Byddai'n neis ca'l dathlu.'

Yn yr eiliad honno roedd hi'n rhydd. Brasgamodd i nôl y matshys o'r tŷ, y coed bach o'r sied. Cartodd y cwbwl i'r cae. Wrth gyrraedd clywodd sŵn Elvis yn morio dros y clos. Roedd y gaeaf drosodd am eiliad fach, ac eto gwyddai'n iawn mai ofer oedd plannu gobaith yn rhy gynnar. Dôi'r rhew unwaith eto i'w dagu.

Eisteddodd y tri yn gaeth i'w meddyliau, a'r tân bach yn arllwys ei wres. Arllwysodd Ceridwen fflasged o laeth twym i'w gwaelod gan annog ei mab i gymysgu'r siocled poeth o waelod yr hen sosban. Gwnaeth yn ufudd. Aeth yn ôl i'r tŷ i hôl llaeth oer – roedd y gymysgedd yn ferw ac yn siŵr o losgi eu gwefusau. Bu'n chwilio am achau.

'Diawch, ble ma'r crwt, gwed? Cer i ga'l pip i weld be sy mla'n 'dag e.'

Wrth gerdded am y tŷ teimlai Awen yn ysgafn. Canodd i gyfeiliant y gerddoriaeth. Wrth gyrraedd y drws clywodd lais Taliesin yn gweiddi arni. Aeth am y seler i weld ble roedd e. Doedd dim sôn amdano yn fan'no... Aeth am dro'r stâr. Synnodd – roedd wedi gwisgo yn ei ddillad gorau. A het bowler am ei ben. Am ei ganol roedd ei gitâr. Anogodd hithau i newid i un o ffrogiau ei fam. Ffrog o gyfnod y 90au. Chwarddodd arno. Allai byth.

'Dere, bach o sbort. Ni'n dathlu diwrnod da o waith.'

Cydiodd ym mwlyn drws Ceridwen a chafodd afael yn y ffrog a lygadodd y diwrnod o'r blaen. Gwisgodd hi. Tynnodd ei gwallt yn dynn am ei hwyneb ac aeth i lawr i'r oerfel braf. Roedd Ceridwen yn aros amdanyn nhw. Gwyddai honno fod rhyw ddrygioni. Roedd y ddau yn werth eu gweld. Rhyfeddodd o'u gweld mewn dillad waco, a nhwythau wedi gwisgo dim ers achau ond dillad gwaith. Gwisgai un ymwelydd ffrog ddu, nad oedd wedi ei gwisgo ers blynyddoedd ei hun. Doedd dim iws. Gwisgai'r ymwelydd arall ddillad priodas o briodas ei chwaer fawr. Arhosodd llygaid Ceridwen ar yr hewl fach dawel. Gwyddai y dôi yn ei ôl cyn hir. Yr ymwelydd olaf. Oedd, roedd hwnnw hefyd wedi addo dod cyn yr haf. Ond roedd Ceridwen yn barod amdano.

Safodd Taliesin ar ei draed yn fonheddig a mynnodd dynnu ei fam i ddawnsio. Troellodd hi yng ngolau'r tân a theimlo clec y boncyffion sych yn crasu eu coesau. Gwenodd y ferch a theimlo'r awydd i ddawnsio. Cododd a throellodd nes i waelod ei ffrog sgubo'r borfa grin.

Rhoddodd Ceridwen ei braich am ei chanol a dawnsiodd y tri yn gymysgedd o ddwli dros ben llestri a rhyddhad o deimlo'r byd yn saff dan eu traed. Roedd y cwm yn fud o'r fan hon a dim ond curiad eu coesau i ddeffro'r nos. Troellodd y tri a bloeddio canu a chwerthin am yn ail.

'Come on Eileen, talwla iei, come on... Lalalalala, come on, Eileeeeen...'

Cydiodd Ceridwen yn llaw ei mab a'i gosod yn dyner yn llaw'r ferch.

'Dawnsiwch chi, bois bach. Wy rhy hen i'r fath ddwli. C'mon, dawnsia, Tali. Ma Awen yn un dda am ddawnsio.'

Dawnsiodd y ddau yn lletchwith â'i gilydd tan i'r hen wraig ddiflannu i gysgod y tŷ. Roedd hi'n oer iddi hi erbyn hyn.

'Well i ninne fynd mewn.'

'*The night is young*, Awen. Digon o wres yn y tân am awr arall.'

'Na, well i ni fynd mewn. Gwell diffodd y miwsig 'ma, bydd pobol yn trial cysgu.'

'Pwy bobol? Does neb ffor' hyn am filltiroedd. Milltiroedd ar filltiroedd o neb ond ni. C'mon Eileeen, da da da da...'

Yn ddisymwth tynnodd ei llaw yn rhydd. Cododd waelod

ei ffrog a chamu oddi wrtho. Parhaodd yntau i ganu wrtho'i hun, heb deimlo oerfel ei hedrychiad. Ciliodd i'r tŷ. Byddai'n well iddi fynd i'w gwely. Byddai popeth yn gwneud synnwyr yn y bore.

Mentha piperita – rho y dail mewn tebot
pridd. Arllwysa ddŵr berw drostynt.
Gad iddynt fwrw eu ffrwyth. Yf.
Winwnsyn – torra gylch a'i osod ym
mhant dy droed. Gwisga ef dros nos
i waredu annwyd.

*

Quinine –
2 rawnffrwyth
2 lemwnsyn
Tynna y croen a'u gosod mewn sosban.
Cadwa y clawr arni. Berwa am 4 awr.
Cadwa y clawr arni er mwyn cadw'r
quinine rhag dianc yn yr ager. Yf i
waredu cancr. Neu wres yn y gwaed.

*

Lemon – torra a'i rewi yn ddarnau, gyda'r
croen. Yn y croen mae'r daioni. Wedi ei
rewi chwala gornel ohono i ddŵr cynnes. Yf.

 DIAL

Y BORE WEDYN aeth yr hen wraig i gasglu'r wyau. Gwelodd olion y tân yn y lludw. Casglodd y fflasg wag o dan ei braich. Byddai'n rhaid iddi weithio'n gyflymach. Roedd angen i Awen gryfhau. Roedd angen cau'r hen glwyfau. Byddai wedi hoffi cael blwyddyn. Blwyddyn a diwrnod. Roedd rhyw lwc yn hynny. Ond doedd ganddi ddim blwyddyn. Rhaid oedd dechrau arni ar unwaith. Pan ddôi'r ymwelydd olaf atynt, byddai'n rhaid iddi fod yn barod. Yna byddai'r ddyled wedi ei thalu.

Casglodd yr wyau llwydion i'w basged ac aeth â nhw yn ôl i dawelwch y gegin fach. Roedd Tali wedi addo cymhennu'r hen le tân. Gallai wneud crefftwr cystal â'i dad pe dymunai. Ond breuddwydiwr oedd Tali. Breuddwydiwr oedd ei dad hefyd. Bu wrthi am oriau neithiwr yn canu i'r nos, a hithau ac Awen yn llyncu swyn yr alaw gyda'r mwg.

Roedd e ar ei draed ac roedd Awen fel cysgod iddo. Gweithiodd y ddau'n dda gyda'i gilydd wrth grafu düwch hen danau o'r shimne. Piciodd y ddau cyn ailbwyntio'r llinellau anwastad. Gadawodd yr hen wraig y cwpanau te ar y ford fach ac ailgydio yn ei chofnodi.

Rhyfeddodd at gael sŵn rhywun arall yn y tŷ. Treuliodd fisoedd ar ei phen ei hun heb ddim ond sŵn y filgast yn gwmni. Trodd dudalen arall i gofnodi faint o foddion oedd orau i blentyn, i oedolyn. Ie, cywirodd. Roedd plant yn drymach erbyn hyn ac felly byddai angen mwy nag un dropyn. Felly dau ddropyn ddwy waith y dydd. Diawlodd yn dawel bach.

'Byta gormod o siwgr, gormod o rwtsh yn lle bwyd teidi.'

Rhyfeddodd nad oedd pobol yn deall bod popeth yn dod o'r stumog.

'Pa iws rhedeg car drud ar bisho gwidw?' diawlodd eto.

Roedd cymaint yn disgwyl gwella'n glou. Chwarddodd. Bydden nhw'n dod ffordd hyn yn disgwyl llyncu tabled a gwella cyn cyrraedd gwaelod yr hewl. Doedd ganddi ddim amynedd at bobol. Nag oedd wir! Pawb yn deall y cwbwl a deall dim yn y diwedd. Trueni ei bod hi mor galon-feddal, meddyliodd. Byddai ei byd dipyn haws o fedru cau'r drws ar bawb a phopeth a dweud 'rhyngoch chi a'ch pethe'. Ond na, roedd yn rhaid iddi geisio helpu. Gwyddai y gallai, er nad oedd pawb yn fodlon gwrando. Ymestynnodd yn ei sedd a gadael i flinder ei chorff ei chario i drwmgwsg pell. Caeodd ei llygaid a gwrando tan bod sŵn y ddau arall yn diflannu ymhell bell i ffwrdd.

Aeth ar daith rhwng y bydoedd. Gallai weld ei hun yn sefyll mewn stafell dywyll. Y celfi yn chwaethus. Breuddwyd? Na, nid breuddwyd. Roedd hi yno go iawn, yn llygad ei meddwl. Gallai ymddangos yno pe mynnai, ond roedd perchennog y stafell yn ddall i hynny.

Gwyliodd. Roedd hi'n sâl, yn beryglus o sâl, melltithiodd Ceridwen. Pen tost i ddechrau a gwres annisgwyl. Gwres peryglus? Wel, mae gwres yn gallu bod yn beryglus, yn enwedig i rywun fel hi. Ffitiau. Hen bethau cas. Anodd i'w rheoli os na chewch chi'r driniaeth iawn mewn pryd. Ond dyna fe, beth yw amser? Na, doedd iws galw'r doctor. Fe gysgai ac mae'n siŵr pan ddôi'r bore byddai'r cwbwl wedi gwella. Ond byddai ei gwely'n wlyb o chwys a'r cur yn ei phen yn beryglus o boenus. Wedi bwyta rhywbeth, mae'n siŵr. Y gwin yn rhad. Gwenwyn? Anodd credu. Dychmygu wnaeth hi. Dychmygu ei bod yn gweld rhyw fenyw ar waelod ei gwely. Un mewn cot brân a'i thrwyn fel pig yn llygadu ei llygaid. Mae gwres yn gallu gwneud hynny, yn ôl y sôn, chwarddodd Ceridwen. Dyddiau o deimlo mor wan â blewyn. Ie, meddyliodd Ceridwen, byddai hynny'n ddigon, i ddechrau.

Deffrodd y claf. Roedd yn rhaid iddi fynd i orsaf yr heddlu. Roedd yna bethau i'w gwneud a hithau'n fenyw cyfraith a threfn. Ceisiodd godi o'i gwely ond doedd ganddi ddim cryfder i godi ei choesau i'w throwser. Eisteddodd eilwaith yn ei gwely. Damiodd. Beth ddiawl oedd yn bod arni? Doedd ganddi ddim owns o gryfder i wneud dim.

Byddai'r fenyw glanhau yn cyrraedd mewn awr. Roedd wedi gorgysgu. Tynnodd y dillad gwely dros ei phen a cheisio tawelu'r drwm yn ei phenglog. Teimlai ei cheg yn sych. Roedd arni eisiau chwydu. Roedd y golau'n rhy gryf. Gwell iddi gau ei llygaid.

'Lydia.' Ie, dyna ei henw. Gallai ofyn i Lydia, y fenyw glanhau, alw'r doctor ar ei rhan. Doctor Edwards. Dyn 'da'.

Cysgodd heb symud. Ni fentrodd agor ei llygaid, roedd y golau'n rhy gryf, a chot, ie, cot oedd yn hongian tu ôl i'r drws. Dim arall.

Ble roedd hi? Lydia! Gwedwch y gwir. Roedd arni syched y diawl. Gallai yfed peint o ddŵr ar ei ben. Dŵr oer o'r peiriant puro. Cofiodd am y peiriant puro. Roedd hi'n un i ofalu am ei hiechyd yn fwy na neb. Ymfalchïai yn ei chorff a hithau bron yn oed ymddeol – roedd rhyw falchder mawr ynddi pan ddaliai fflach o'i hadlewyrchiad yn ei siwt swyddfa las. Roedd sawl un arall wedi colli gafael ar eu hymddangosiad. Diogi oedd hynny. Ond roedd menyw trefn yn gorfod cynnal y drefn, a hynny ym mhob agwedd o'i bywyd.

'Lydia ddiawl. Ble wyt ti'r hen ast? Wy'n tagu fan hyn,' meddai wrthi'i hun a'i thafod yn galed o eisiau dŵr. Fentrai godi? Ebychiad arall. Roedd yna gyllyll yn ei phen. Allai hi ddim agor ei llygaid heb deimlo bod ei phen ar dorri. Lydia? Lydia?

Safodd Ceridwen wrth erchwyn ei gwely. Gallai fod yn Lydia wrth gwrs. Hmmm, Lydia, mae'n enw neis. Arllwysodd wydraid o ddŵr croyw a'i godi at ei gwefus... ac un, dau, tri dropyn o rywbeth ffein i'w helpu i lyncu.

'Lydia? Cer i ffonio Edwards, y doctor. Gwed... gwed wrtho i ddod ar unwaith. Ma poen yn fy llygaid i... alla i ddim...' ei llais yn gryg.

Erbyn hynny roedd yn ôl ar ei gobennydd yn sibrwd rhywbeth am 'ddolur'. Nodwyddau bach poeth yn ei llygaid. Pwysodd Ceridwen yn nes ati, allai prin ei chlywed. Gallai fod wedi gosod y glustog dros ei thrwyn a'i thawelu. Pwyso rhyw ychydig bach er mwyn tynnu'r awel olaf o'i hysgyfaint. Ond na, byddai hynny'n rhy rwydd.

Trodd Ceridwen yn ofalus. Gwelodd ei horiawr ger y gwely. Un ddrud. Gwelodd ei waled. Un ledr. Gwelodd lun mewn ffrâm arian ohoni ar noson bwysig. Llun o ddynion 'da' yr ardal yn dathlu, ysgwyd llaw, clodfori. Hithau'n fenyw o bwys, yn sefyll ysgwydd wrth ysgwydd â'r dynion mawr i gyd. Synnodd Ceridwen a gweld croes fach am ei gwddf. Croes ben i waered. Rhwygodd hi oddi yno cyn sylwi ar y wal y tu ôl i'r gwely, un o gerddi Waldo, neb llai. O, am eironi! meddyliodd Ceridwen wrth ei darllen iddi'i hun.

'Daw dydd...' Gwenodd. O, daw! Ond dim eto. Roedd dyddiau o'i blaen cyn llithro o'r rhwyd, cyn marw. Dant am ddant a llygad am lygad.

Caeodd Ceridwen ei llygaid a diflannu'n dawel. Ddôi neb i'w gweld hi heno. Na fory. Ac erbyn hynny byddai'r pen tost wedi troi'n rhywbeth bach mwy sinistr. Gwenodd Ceridwen. Doedd hi ddim yn fenyw ddig. Wir, doedd hi ddim hyd yn oed yno, ddim mewn gwirionedd. Trodd yn ei chadair freichiau a theimlo gwres y stof yn ei thynnu'n ôl gan bwyll bach. Gallai glywed sŵn pigo, pigo fel pig hen iâr yn pigo, pigo bwyta, a'r boen fel hadau bach yn magu gwreiddiau.

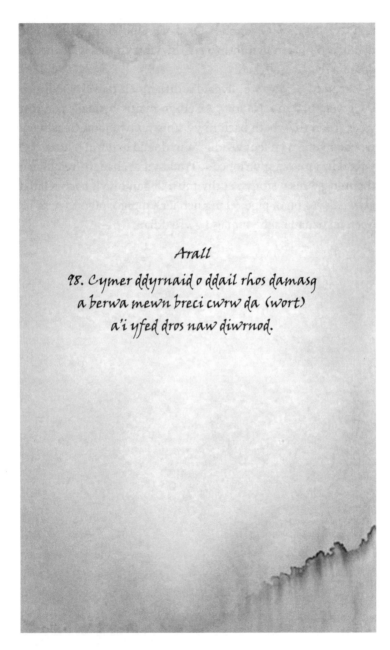

Arall

98. Cymer ddyrnaid o ddail rhos damasg
a berwa mewn breci cwrw da (wort)
a'i yfed dros naw diwrnod.

AWYR IACH Y MYNYDD

DAETH RHYW SWILDOD newydd dros Awen. Llenwodd y fflasg â choffi llaeth. Gosododd ddigon o fwyd i ddau. Gallai ofyn iddo. Doedd dim drwg mewn gofyn. Dim ond gofyn fel ffrind. Gallai fynd ar ei phen ei hun wrth gwrs, ond...

'Taliesin 'di codi?' holodd y ferch Ceridwen mewn llais ffwrdd-â-hi. 'Meddwl elen ni am wâc fach i'r mynydd. Mae'n ddiwrnod neis. Mae'n ddiwrnod hir i eistedd fan hyn yn... chwarae meddylie.'

Cododd Ceridwen ei phen o'r bwced crafu tato. Roedd ei dwylo'n frwnt a'r gyllell fach yn aros yn bwyllog am waith. Syllodd arni'n ffug feirniadol.

'Cysgu mae e, siŵr o fod. Gormod o ganu neithiwr ac yntau lan tan berfeddion yn cyfri'r sêr. Wyt ti'n ffansïo...'

'Nadw, wy *ddim* yn ffansïo...'

'Ffansïo cwmni o'n i'n feddwl. Ie, ie, well i ti roi showt iddo. Gweld bod ti 'di gweithio digon o fwyd i frenin. I ble ewch chi heddi?'

'O, jyst wâc, mas i rywle, cerdded, digon o fynydd i ni weld.'

Chwarddodd Ceridwen yn dawel bach. Oedd, roedd hynny'n ddigon gwir. Dod yma am y mynyddoedd wnaeth hi. Gwyddai gystal â neb mai duwiau ynghwsg oedden nhw.

'Galw arno, ne diawch, cer lan i dynnu dillad ei wely. Fydd e ddim yn hir cyn codi wedyn!'

'Galwch chi arno, 'newch chi?'

'Diawch erio'd, sdim ise i ti ofan gofyn iddo fe. Dim ond wâc fach, yndyfe, fel dou ffrind. Sdim ise i hen wraig fel fi ofyn hynny iddo fe. Cer mla'n, bwr mewn iddi!'

Rhowliodd llygaid Awen yn ei phen. Gwyddai'n iawn fod Ceridwen yn tynnu arni. Croesodd hanner gwên ar hyd ei hwyneb. Roedd yr hen wraig yn gyfrwys fel cath, meddyliodd. Gwyddai'n iawn beth oedd yn mynd drwy ei meddwl.

'*Fine*! Fe wna i.' Yn bwyllog cerddodd y ferch i dro'r stâr a charthu ei gwddf yn dawel, cyn galw,

'Taliesin? Tali?' Chafodd yr un ateb. 'TalIESIN! TALI? Meddwl mynd am wâc. Ti moyn dod?'

Clustfeiniodd y ddwy am wich y gwely. Ond doedd dim byd.

'Jiw jiw, cer lan i weld.'

Yn anfodlon, cerddodd Awen ar hyd y landin a churo'n dawel bach ar ddrws Taliesin. Curodd ddwywaith ac aros am ateb. Chafodd hi ddim. Yn dawel, cilagorodd y drws yn swil. Allai ddim credu ei fod yn gysgwr mor drwm. Curodd eto, yn y gobaith y byddai'n ei hateb a'i gwahodd i mewn. Arhosodd. Chlywodd ddim byd. Agorodd ddrws ei stafell led y pen, ac yn lle ei weld yn gorwedd yn y gwely, gwelodd fod y gwely'n wag.

O bellter y gegin fach oddi tani clywodd chwerthiniad yr hen wraig.

'Ha-ha! Ma fe 'di codi ers orie, Awen fach! Dere 'ma, ma fe mas ar y clos yn fficso'r hen do sinc ar y sied bella. Ha-ha! Dere, dim ond bach o sbort ar dy ben di! Ma'n ddrwg 'da fi.'

Cerddodd Awen i lawr i'r gegin. Ysgydwodd ei phen ar Ceridwen. Gwyliodd hi'n chwerthin. Syllodd arni'n styfnig, a chwarddodd hithau. Roedd yn anodd digio ati. Sychodd

Ceridwen ei thrwyn â chefn ei llaw a gadael i ddagrau ei llawenydd gronni yn ei llygaid.

'Ha, sori, bach o sbort, 'na i gyd. Cerwch chi. Ma fe siŵr o fod wedi hen fennu erbyn hyn. Cer mla'n.'

Llithrodd y ferch drwy'r drws â hanner gwên ar ei gwefus.

Ym mhen pellaf y graig y tu ôl i'r tŷ roedd Awen yn gorwedd yn y borfa ac yn teimlo gwres yr haul ar ei hwyneb. Gallai weld yr ardal i gyd o'r fan honno. Daeth Taliesin ar ei hôl, ei gorff yn gryf a'i grys yn glynu amdano. Teimlai'n gartrefol yn ei gwmni. Teimlai'n ddiogel hefyd.

'Cwyd!' meddai Taliesin. 'Gerddwn ni lan i'r top cyn cael hoe. Dim ond lan fan'na ma ddi, fyddwn ni ddim yn hir. Mae'n werth ei gweld, wir i ti. Carreg anferth o oes y Rhufeiniaid. Be mae'n neud fan hyn sai cweit yn siŵr, a phwy roiodd hi 'na? Wel, dere, dere i ni ga'l ei gweld.'

'Ych! Wy 'di blino cerdded. Alla i byth. Gad fi fan hyn, cer di. Dere'n ôl â gwbod i fi shwt garreg sy 'na, dwi ddim yn symud,' ochneidiodd Awen.

Gafaelodd Taliesin yn frawdol yn ei llaw a'i llusgo ar ei ôl.

'Dere, bydd e'n sbort, dere mla'n! Caria i di. Jwmpa ar 'y nghefen i, ti'n denau fel rhaca. Fydda i ddim yn hir.'

'Na, ti ddim yn mynd i 'ngharío i! Ooo, iawn, fe ddo i lan.'

Dilynodd Awen gan ochain a llefain ei bod wedi blino cerdded.

'Wyt ti erioed 'di teimlo i ti fod rhywle o'r bla'n?' holodd Taliesin.

'Be, fan hyn? Falle...' Teimlai Awen yn ddwl yn cyfaddef y fath beth. Gwyddai'n iawn nad oedd wedi bod yno erioed o'r blaen. 'Fel, mewn bywyd arall, ti'n feddwl? Oes bywyd arall? Ti wir yn credu hynny?'

'Odw,' atebodd Taliesin a'i lais yn gadarn.

'Ti'n swno fel dy fam,' chwarddodd hithau. 'Paid chwerthin,' mentrodd, 'ond fe weles i nhw p'ddiwrnod, y bois... Rheini fuodd yn ffarmo 'ma flynyddoedd maith yn ôl.'

'Ha, *nawr* pwy sy'n swno fel Mam? Cer mla'n, gwed, ble welest ti nhw?'

'O, o'n i'n gwbod i beidio gweud...'

'Na, gwed!'

'Na, fyddi di ond yn neud sbort ar 'y mhen i.'

'Pwy, fi?' Brasgamodd Taliesin ar draws ei llwybr a'i wyneb yn un wên anferth. Roedd wrth ei fodd yn tynnu ei choes. 'O, dere mla'n. Gwed.'

'O, reit! P'ddiwrnod, o'n i'n cerdded i'r pistyll ac fe glywes i ryw leisiau yn galw'n enw i. Wy ddim yn colli arni, fe glywes i nhw.'

'Dyn byr? Capan ffarmwr? Gwên ddrygionus a sgidie gwaith?'

'Ie, yn gwmws... Pam, welest ti fe hefyd?'

'Falle... Rhyw deimlo, falle. Wy heb ei weld e ers blynyddoedd. Fydde fe ond yn dod i 'ngweld i pan fydde rhywbeth yn 'y mhoeni i. Mam yn gweud bod e'n tynnu ata i. Dim niwed ynddo fe, jyst ysbryd yn tynnu ata i. Wneith e ddim byd i ti. Ei gartre fe yw fan hyn, ma fe gartre 'ma. Weles i ddim y bois eraill, ond ma Mam yn siarad â nhw. Fel'na ma Mam... Byddan nhw'n ei chynghori hi o'r ochr draw, wrth baratoi moddion.'

Roedd y llwybr yn garegog ac yn serth mewn mannau ond o fewn dim roedd y ddau wedi cyrraedd pen eu taith. O'u blaen safai carreg anferth.

Camodd y ddau i'w chopa. Yn ddraig lwyd, yn cysgu yn ei chwrlid. Roedd yr olygfa yn rhyfeddod. Teimlodd y ddau ryw ryddid tawel. Eisteddon nhw am yn hir yn rhyfeddu'n dawel ar donnau'r mynyddoedd yn codi a gostwng, codi a gostwng.

'Pam ma dy fam yn gweld gymaint, a finne'n gweld dim byd?'

'Fe dreuliodd hi flynyddoedd yn astudio pethe. Ro'dd rhyw allu ynddi o'r dechre, ond fe gaeodd y drws ar hwnnw am gyfnod. Wedyn pan dorrodd hi, fe ddeffrodd pwy o'dd hi go iawn, ac ar ôl bod fan hyn, yn y tawelwch mawr 'ma, daeth y lleisie'n gryfach. Ac fe wrandawodd hi arnyn nhw.'

'Yn lle eu tawelu nhw.'

Parhaodd y ddau i fud syllu ar y tirwedd. Caeau glaswyrdd, caeau brownddu, caeau lliw clai, lliw clais. Gwelent nythed o dai yn y pellter ac yna ehangder melynfrown. Tŷ. Dau dŷ. Mynydd a pharc carafannau. Stryd. Stryd. Strydoedd. A'r Cartref Plant yn frenin ar y cwbwl. Disgynnodd Awen i'w phengliniau. Roedd y lle'n dal i'w pharlysu.

'Dere, well i ni fynd 'nôl. Bydd dy fam yn meddwl lle y'n ni.' Brasgamodd ar hyd y garreg a disgyn o un graig i un arall.

'Dal sownd, ni newydd gyrradd. O'n i'n meddwl...'

'Wy'n mynd 'nôl, wela i di lawr 'na.'

'Mowredd dad, aros! O'n i'n dechre ca'l ysbrydoliaeth fan'na.'

'Ie, aros di, os ti moyn, ond wy moyn mynd 'nôl. Mae'n debyg i law, yn dyw hi?'

'Ody hi? Mae'r awyr yn las. Aros. Gwed, be sy'n dy boeni di? Ddaw neb arall fan hyn. Jyst ni'n dou a milltiroedd o dir gore Cymru. Wel, tir gwaetha Cymru, ond ma fe'n werth ei weld, so ti'n meddwl?'

Carlamodd Awen oddi wrtho, yn gynt ac yn gynt tan iddi droi ei throed ar un o'r twmpathau ganol cae. Rhedodd Taliesin i gwrdd â hi.

'Gad fi fod. Fi'n iawn. Y blydi cae 'ma. Pam na allan nhw roi tarmac dros y blydi lot?'

'Tarmac? Gofala na glywith Mam ti!'

'Blydi porfa bob man. Ma fe'n troi arna i. Blydi haul yn fy llyged i wedyn. Mae'n neud 'y mhen i'n dost. Alla i ddim godde fe. Wy moyn mynd 'nôl lawr i'r tŷ. Cau'r drws a...'

Pwyllodd Taliesin. Roedd llygaid Awen yn gynnes, ei gwefusau'n goch mefus gwyllt, ei gwallt yn felyn lliw hen wair a'r graith yn cau am ei boch fel cusan. Eisteddodd wrth ei hymyl heb ddweud dim. Wfftiodd hithau. Wrth gwrs ei fod e'n gwybod. Doedd dim angen iddi esbonio dim. Roedd ei lygaid yr un mor graff â'i fam. Tawelodd. Ebychodd. Doedd dim iws iddi ddweud mwy.

Yn annisgwyl cydiodd yn ei llaw a chau ei ddwylo amdani. Daliodd hi'n dynn fel dala deilen yn y gwynt. Caeodd hithau ei llygaid a chrio. Crio plentyn bach moyn Mam. Crio. Roedd hi'n neb. Yn ddeilen fach grin yn llygad y gwynt.

Gwyddai y byddai Dyrnau yn siŵr o alw. Galw wnâi e bob tro, fel hen gi yn hela cwningen. Roedd y fagl yn cau amdani unwaith yn rhagor. Doedd unman i ddianc. Roedd Abel yn iawn. Roedd yna bris i'w dalu. Pris bach i ddechrau, rhywbeth i'ch tynnu i mewn i'r cylch. Hen gylch cyfrwys, cyfrin. Dim ond rhai dethol gâi wybod bod yna gylch i gamu iddo. Ond doedd dim modd dod oddi yno, nag oedd, oni bai eich bod yn hollol fud.

'Alla i ddim neud e. Alla i ddim sefyll fan'na yn eu herbyn nhw. Fe ddown nhw ar fy ôl i. Fe addawon nhw hynny i fi. Fyddan nhw'n gwbod 'mod i yn y car gydag e. Fyddan nhw'n chwilio. Ddylwn i fod wedi mynd 'nôl yn syth. Fydden i mewn llai o drwbwl wedyn.'

Gwasgodd Taliesin ei llaw yn dynnach, fel pe bai am roi o'i hyder a'i gryfder ei hun iddi. Tynnodd ei llaw yn ôl. Doedd hi ddim yn barod am hynny.

'Ma nhw i gyd yn perthyn, yn perthyn i'r un cylch. Fyddan nhw byth yn bradychu brawd. Fyddan nhw ddim yn fy nghredu i ta beth. Fyddan nhw'n edrych arna i fel rhywbeth brwnt. Rhywbeth tsiep. Dyw pobol ddim moyn gwbod. Dyw e ddim yn bwysig iddyn nhw. Ma nhw'n cau eu dryse, yn gwbod bod e'n digwydd, yr heddlu, pobol y dre... ac ma nhw'n cau eu dryse am fod e'n rhy hyll i ddychmygu. Fydde pobol "dda" ddim yn neud pethe hyll. Wy ddim moyn bod yn hyll. Ond wy yn hyll. Ti'n gweld? Tu fewn a tu fas.'

Gwasgodd Taliesin hi'n dynn i'w galon. Rhoddai'r byd i'w hamddiffyn.

'O'n i moyn bod yn falerina. Ie, fi! Yn falerina.'

'Balerina?'

'Ges i wersi. Mam-gu yn talu tra bod Mam... Wel, roedd cyffurie'n tsiepach na chwrw. Ac fe fydden i'n danso mewn twtw ail-law a Mam-gu'n gweud bod fi'n blydi grêt, ac i ddod i fwyta'n swper achos bod angen bod yn gryf i fod yn falerina. Ac o'n i'n breuddwydio am gael bod yn enwog, mewn ffilms, a cha'l car fel ceir y merched erill a bydden i'n mynd yn y car a gweld y byd. Weles i ddim byd ond stafelloedd oer, mewn cartref oer, gyda phobol oer. Alla i. Fyth. Mynd. 'Nôl.'

Eisteddodd y ddau yn nhawelwch y mynydd. Pa werth oedd holi mwy, meddyliodd Taliesin. Doedd ganddo ddim geiriau i dynnu'r düwch o'i llygaid.

GWAETHYGU

A R Y TRYDYDD diwrnod cododd y Chief o'i gwely. Prin y gallai hi adnabod ei hun yn y drych. Roedd ei chroen yn felyn a'i llygaid wedi suddo i'w pantiau. Safodd yn grwca. Ymdrechodd i ymsythu ond roedd ei phen ar dân o hyd. Roedd yn rhaid iddi ymdrechu i symud. Cerddodd gam. Sylwodd ei bod wedi gwlychu ei hun a theimlo bod ei holl nerth wedi diferu ohoni. Methai ddeall beth ddiawl oedd yn bod arni. Cerddodd fel hen wraig ddall am y ffenest. Cilagorodd y llenni. Prin fod ganddi'r nerth i sefyll o gwbwl. Pwysodd ar y sìl. Teimlodd ei hymysgaroedd yn rhacs. Caeodd ei llygaid a phwyso'n drymach ar y sìl ffenest. Roedd ei char yn y dreif o hyd – gallai ei weld rhwng sŵn y drwm diddiwedd yn ei chlust. Arswydodd. Lle arferai'r borfa dyfu'n daclus gwelodd fôr o ddrain a blodau gwyllt. Rhaid ei bod yn dychmygu. Rhaid bod ei llygaid yn twyllo. Ei phen yn corco. Breuddwyd, siŵr o fod. Gludodd ei thafod i'w cheg. Blasodd bydredd. Doedd ganddi ddim nerth i chwydu.

Cododd ei ffôn o gist y gwely. Roedd e'n fflat. Cerddodd yn flinderog i'w wefru. Bu'n fud am ddyddiau. Rhaid fod rhywun wedi galw. Allai hi ddim cofio clywed ffôn y tŷ yn canu chwaith. Allai hi ddim cofio neb yn curo'r drws. Cofiodd ryw frith gysgod o'r fenyw glanhau. Do, roedd hynny'n ffaith. Fe gredai. Menyw ar ochr ei gwely yn arllwys dŵr i'w cheg. Hithau ymhell bell yn rhywle yn gweld y cyfan fel breuddwyd. Deffrodd y ffôn o'r diwedd. 10, 15, 20 o negeseuon. Culhaodd ei llygaid. Roedd y golau yn rhy gryf iddi allu gweld yn iawn. Cwlffyn fyddai'r dyn. Ond roedd hwnnw yn ei fedd, os cofiai'n iawn, damwain car, neu ai dychmygu hynny wnaeth hi hefyd? Hwrdd o ddyn, ond pa greadur gwell i ddofi'r defaid?

Sgroliodd am i lawr. Dynion da. Dynion da. Llond sgrin o ddynion da.

'A, dyma fe. Edwards. Dr Edwards.' Pwysodd y botwm a disgwyl am ateb. Arhosodd am ddeg caniad. Ble ddiawl oedd y twpsyn? Ymhél â rhyw ddiléit, ynta, meddyliodd. Roedd yn rhaid iddi gael gafael ar rywbeth i waredu'r boen. Diffoddodd y ffôn a cheisio eto.

'Ateb fi! Dere mla'n! Ateb fi!'

Trodd i edrych ar y cloc. Rhaid ei bod wedi drysu. Roedd hi'n chwech y bore. Roedd hi wedi cysgu gymaint fel nad oedd yn cofio'n iawn pa ddiwrnod oedd hi.

'Cwyd, y pwdryn. Os wyt ti am gadw dy drwydded, cwyd!' Clywodd y peiriant ateb. 'Gadewch eich neges ar ôl y dôn.' Llais ei bartner. Wfftiodd. Pe bai e'n gwybod ei hanner hi, meddyliodd. Ac eto, roedd e'n gwybod digon. Ac roedd gwybod gymaint â hynny yn gysur iddyn nhw i gyd. Doedd ganddi fawr o barch ato. Pethau i'w defnyddio oedd pobol. Roedd gan bawb ei bris. Pawb â'u cyfrinachau bach brwnt. Roedd y Cylch yn eang, fel cylchoedd ar groen neidr. Wyddai hi ddim pwy oedd perchennog y pen na'r dannedd, ond roedd y gwenwyn yn gryf. Gwyddai nad ar chwarae bach roedd y cylchoedd hyn yn bodoli. Roedden nhw'n ymestyn i bob rhan o gymdeithas. I bob rhan ohoni.

'Edwards, rho alwad. Nawr.'

Saethodd y boen drwy ei phen unwaith eto. Chafodd ddim cyfle i fanylu. Prin y gallai weld y sgrin erbyn hyn. Roedd ei llygaid ar dân. Saethai'r boen drwy ei phen yn ddiddiwedd.

Gallai bron deimlo'r gwaed yn pwmpio drwy ei thalcen. Diffoddodd y sgrin ac aeth yn ôl i gysur ei gwely. Allai weld dim, dim ond môr o goch yn bwyta'i phenglog. Rhaid bod rhywun wedi ei gwenwyno. Allai ddim meddwl mynd i'r ysbyty. Rhaid oedd iddi fynd yn ôl i'w gwely. Ie, ei gwely. Byddai'n iawn ond iddi gau ei llygaid. Edwards oedd ei hunig obaith. Gallai hwnnw ddod heibio a dileu'r boen.

Rhywle rhwng y dolur yn ei phen a'r artaith ar ei gwaethaf, llithrodd yn ôl i gwsg anesmwyth. On'd oedden nhw'n ddyddiau da? Roedd yno gyda nhw. Llond stafell o ddynion da yn codi arian i'r Lleill. Y rhai llai ffodus. Roedd yn ifanc bryd hynny ac yn dechrau dringo'r ysgol. Gwelodd gip o'i hwyneb. Ha, am gael bod yn ifanc unwaith eto. Cael byw am byth yn berson ifanc nad oedd fyth yn heneiddio. Gwyddai am ffyrdd o wneud hynny. Cyffur gorau'r byd. Roedd pawb wrthi. Actorion. Gwleidyddion. Doedd neb yn cyrraedd yr entrychion heb werthu eu henaid. Roedd yn bris go rad mewn gwirionedd.

Pwysodd dros y bar a theimlodd law ei chylch ei hun yn cau am ei braich. Cyfarchodd. Peth braf oedd cael perthyn.

'A, Bleddyn! Congrats i ti. Jyst y dyn i'r job, weden i.'

'Ha, wel diolch. Diolch i ti a diolch am sorto'r "peth bach" 'na...'

'Twt, dim byd, dim byd.'

'*Hot dogs* i bawb fydd hi heno. Ha! Ie wir.'

'Wel, wy ddim yn un am *hot dogs* ond...'

'Wel, beth bynnag, *hot dogs*, pitsas, beth bynnag sydd at dy ddant di. Mae drysau'r Cartref Plant AR AGOR – croeso twymgalon. Jyst cwyd y ffôn ac ma 'na dîm da yn barod i wasanaethu. *Delivery free of charge* fel arfer, yndyfe.'

Yfodd y ddau gwmni ei gilydd a'u tafodau'n dew.

'Ha-ha! A gwed wrtha i, deryn bach yn holi, beth yw hanes y fam?'

'*Overdose*, pawb yn gytûn. Sdim ise i ti fecso. Roedd hi'n enwog am eu defnyddio. Jyst *a matter of time* cyn fydde hi'n bennu lan mewn rhyw *landfill*.'

'HA! Digon o ddewis o'r rheini.'

'Na, mae'n rhwyddach i bawb fel hyn.' Nodiodd y ddau.

'A'r ferch fach?'

'Ein "peth bach pert"?'

'A fydd angen cartre clyd a chynnes arni hi cyn nos?' Lledodd gwên gadarn ar hyd ei wefus. Gallai ei blasu'n barod. Yfodd y ddau eu diod.

'Y fam-gu yn gwneud rhyw ffŷs. Ond na, fyddan nhw ddim yn hir yn gwthio'r "peth bach" drwy'r llys. Jyst *doing my duty*, yndyfe.'

'Wrth gwrs, wrth gwrs, *duty of care*, fel ni i gyd.'

'Wyt ti'n awyddus i... neud *bid* amdani? Gwed dy bris. Fyddwn ni ddim yn hir cyn dod i gytuneb, a ninne'n "perthyn".'

'Clywed bod lot o ddiddordeb.'

'Pwy? Pwy fydde'n ddigon dwl i fentro, gwed?'

'Clywed...'

'Clywed beth? Deryn bach wedi bod yn fishi? *Anybody we know?*' Chwarddodd ar ei glyfrwch ei hun.

'Dewi.'

'Pwy, y Sant? Ho, nawr dere.'

'Pawb yn awyddus i...'

'... gymryd gofal?'

'Wel, *care in the community*, yndyfe?'

'Yn hollol. Alle hi ddim ca'l gwell gofal. Fe wna i 'ngore. Ma'r Sant yn ddyn rhesymol... ma'r gwleidyddion hyn i gyd yn rhesymol. Gad e 'da fi, fe edrycha i i weld hanes y "deryn bach" 'ma.'

Lledodd ton o foddhad dros y ddau. Roedd dyled fach yn ddyled dda – wyddech chi ddim pryd roedd angen ei thalu'n llawn.

'Unwaith i hanes y fam ddiflannu, mater bach fydd ei symud hi i le "diogel".'

'Ho! Chief Inspector, ti wedi dy swyno, weden i.'

'Wel, Syr, ma'n rhaid i rywun ofalu am yr hen blant.'

'Oes, wir,' meddai gan godi ei wydr. 'I'r hen blant bach.'

'I'r hen blant bach.'

CRWYDRO

Cododd Taliesin ar ei draed.

'Ble ti'n mynd?'

'Dim un man.'

'O! Wel, pam wyt ti ar dy dra'd?'

'Wy'n meddwl bod gwell llefydd i bipo arnyn nhw na 'ma.'

'Beth?'

'Edrych,' meddai gan bwyntio i'r pedwar gwynt. 'Ry'n ni 'di edrych ar y byd o'r cyfeiriad hwn. Dere i ni ga'l ei weld o gyfeiriad arall. Cwyd.'

Cododd hithau'n styfnig. Brwsiodd ei dillad a chamu yn ei gamau.

Parhaodd y ddau i gerdded dros y creigiau, a'r gwynt yn eu hwynebau. Adnabyddai Taliesin y tirlun fel wyneb hen ffrind. O bell gwelai'r defaid yn y cyhudd a'u hwyn bach wrth eu sodlau, eu cefnau'n grwca. Syllodd ar y tirwedd yn grafiadau bach moel, heb borfa. Ôl troul. Eu traed yn stwc stac yn y stecs.

Yn moelni mis Mawrth ddaeth ei fam yma am y tro cyntaf. Gweld y lle o brysurdeb ei swyddfa a meddwl am lonyddwch y lle. Ymweld ag e ganwaith ar y we wedyn cyn ei brynu a rhyfeddu pawb ei bod hi, o bawb, yn mynd i le mor anghysbell. O'r tu fas roedd bywyd yn fêl iddi. Ond o'r tu fewn teimlai Ceridwen mor foel â'r mynyddoedd ac felly roedd diflannu i'r fan hon yn hawdd. Cau'r drws ar ei gorffennol a suddo i wlybaniaeth y pridd, i oerfel natur a theimlo blagur bach ei chalon yn dechrau egino.

'Y murddun fan hyn. Syniad Mam oedd ei ail-wneud. Rhoi to 'nôl ar ei ben, a llygedyn o dân yn y gornel. Ie, bydden i wrth fy modd fan hyn. Awen? Be ti'n feddwl?'

Gwenodd. Roedd mor bell o bob man. Mor bell o bob dim. Mor afreal. Byddai hi wrth ei bodd yma hefyd. Ond doedd iws iddi gyfaddef hynny. Gallai guddio yma, troi'r blynyddoedd yn rhydd ar y mynydd, ymhell o bob dyn byw.

'Ie. Ma fe'n grêt. Ddylet ti neud e.'

'Gallen ni ga'l *planning* – *replacement dwelling* – a hala rhyw hanner can mil. *Solar panels* ar y to, melin wynt yn yr ardd. Tyfu llysiau, agor ffynnon, cadw gafr neu geffyl.'

Ha, y breuddwydiwr! Gwenodd Awen eto. Taliesin bach, dim ond breuddwyd gwrach. Cerddodd o amgylch y murddun. Dim ond tomen o freuddwydion carreg. Cafodd afael mewn carreg wen a'i thaflu o'r neilltu. Cydiodd mewn un arall a thaflu honno hefyd. Cododd domen newydd er mwyn chwalu'r rhith. Châi hi ddim gwireddu ei breuddwyd, felly pam ddiawl ddylai e?

'Gad nhw. GAD nhw, wedes i! Ti'n sarnu'r *layout*.'

'Ti'n byw yn *cloud cuckoo*! Ma plant yn diflannu a ti'n breuddwydio am godi tŷ ar ben mynydd a thyfu blydi carots yn yr ardd. *Get bloody real.*'

Taflodd garreg arall, un lai, ac un arall ac un arall. Gwyliodd Taliesin hi'n fud wrth iddi chwalu ei freuddwyd frau. Eisteddodd yng nghanol ei gastell. Blinodd hithau. Daeth i eistedd ar ei bwys. Tawelodd. Gwyddai nad oedd e ar fai am ddim. Doedd dim iws ymddiheuro, roedd hi wedi gwneud ei gorau i'w wylltio.

'Ti'n teimlo'n well nawr?' holodd, ei lygaid emrallt yn fyw i gyd.

Nodiodd hithau a'i hwyneb yn gymysgedd o falchder a chywilydd.

'Gwd, galli di helpu i roi nhw'n ôl nawr 'te.' Roedd gwên yn cellwair ar ei wefusau. 'Rho nhw i gyd 'nôl lle gest ti nhw ac fe ewn ni lawr i'r tŷ.'

Syllodd arno mewn anghrediniaeth. Doedd hi ddim yn bwriadu gwneud y fath beth. Dim ond ffŵl fyddai'n casglu cerrig.

'Wy moyn i ti roi pob carreg 'nôl yn gwmws lle gest ti ddi. A dim unrhyw garreg, ond y garreg iawn, yn union fel fydde'r bois fuodd 'ma ganrifoedd yn ôl wedi'i neud.'

'Be? Ma nhw 'di cymysgu i gyd! Wy ddim yn mynd i...'

'Wyt, mi wyt ti!'

'Nadw, wy ddim. Ti ddim yn fòs arna i. Blydi rybish yw'r lle 'ma. Twll! I be fydden i'n ffwdanu?'

Eisteddodd yn bwyllog. Pwysai'r tawelwch rhyngddynt. Teimlai fel codi a mynd am yn ôl.

'Iawn. Fe gasgla i nhw, ocê. Fe gasgla i nhw i ti a'u rhoi nhw'n ôl yn deidi bach. Iawn?'

Cododd ar ei hunion a dechrau chwilio am unrhyw garreg, o unrhyw le, a'u gosod yn bentwr wrth ei draed. Gwyliodd yntau'r ddrama heb ddweud dim tan iddi orffen. Tynnodd gorden denau o'i boced. Roedd wedi sgwaru'r lle yn barod. Cododd wal garreg sych o gornel yr adfail. Gweithiodd yn ddiflino tan ei bod yn cloi'n dwt mor uchel â'i ben-glin. Ymestynnodd hithau am garreg arall a gweithio'r jig-so'n dynn i'w gilydd.

Wfftiodd Awen. Wfftiodd ganwaith. A chyda phob ochenaid lledodd gwên letach ar wyneb Taliesin. Roedd yn ei elfen yn ei gweld yn ymestyn, yn straffaglu, yn clirio llwybr parod.

Erbyn hwyr y pnawn, roedd sylfeini'r hen adfail yn gyfan ac ôl hen aelwyd yn deffro o'r pridd. Crasai gwres hwyr mis Mawrth.

'Gwd, digon o waith am heddi. Gwell i ni fynd am 'nôl at Mam.'

'Rhedeg 'nôl at Mam… Werthodd Mam fi.'

'Be ti'n feddwl, gwerthu?'

'O'dd hi ar gyffurie… Mam-gu yn dweud mai cwmpo mewn gyda'r crowd rong nath hi, yn ifanc.'

Syllodd Taliesin arni.

'Hwren o'dd hi. Wy'n gwbod hynny. Do'n i ddim i fod. Fydde'n well 'se hi 'di ca'l 'y ngwared i yn y lle cynta.'

'Pwy wedodd 'na wrthot ti? Dy fam-gu?'

'Na, fydde Mam-gu byth yn siarad rhyw lawer amdani. Gormod o gas, siŵr o fod.'

Cydiodd Taliesin yn dynn yn ei llaw.

'Be ti'n neud? Gad fi fynd.'

'Aros, Awen…'

'Pam? I beth? Fydden i ddim yn y cachu hyn oni bai amdani hi.'

Poerodd ei geiriau gan adael i'w chlwyfau agor unwaith eto.

'Gallen i fod wedi aros 'da Mam-gu, fan'ny wy i fod. Dim fan hyn. Ches i ddim cyfle, naddo? Fe ddaethon nhw a gweud bod Mam-gu ddim yn ffit i edrych ar fy ôl i, ei chalon hi'n rhy wael, a gan nad o'dd Mam yn fyw rhagor do'dd dim dewis 'da'r awdurdode ond mynd â fi. Pob un ohonyn nhw. Rhyw ddoctor, rhyw heddwas. Pob un yn gwbod beth o'dd ore i fi. Fe wedon nhw ryw gelwydde am Mam-gu, dynion mowr yn gweud celwydde. Holodd neb fi.'

Gallai deimlo ei hiraeth. Cofiai flas hwnnw ei hunan. Cofiai gael ei adael ar ôl heb ei fam ei hun. Blynyddoedd o beidio deall. Daeth ei fam yn ôl at ei choed yn y diwedd, ond chlywodd Awen ddim mwy na'r brigau'n clecian yn y storm.

Meddyliodd Taliesin am ei fam. Y gwallgofrwydd. Yntau'n fachgen bach yn ceisio ei chael i godi o'i gwely – i olchi, i fwyta. Hithau'n siarad â'r Neb mawr ar waelod ei gwely. Allai e mo'i weld bryd hynny. Tyngodd hithau iddi ei weld yn fyw o flaen ei llygaid. Hen Neb cas a'i wyneb ffiaidd, ffiaidd yn poeri melltith arni, ei thynnu i drobwll yr arall fyd. Cofiodd fel y byddai'n deffro'n orffwyll o gwsg gwag, a'r waedd gyntefig honno, bugunad, bloedd i rewi'r meirw yn codi ohoni. Oriau o floeddio ac yntau a'i dad heb ddim ond dagrau i'w chysuro. Hedfanodd i dwll ei huffern ei hun.

Doedd ganddyn nhw ddim dewis yn y diwedd ond ei harwain i ward dywyll i'w thrydanu tan iddi ddysgu i beidio â dweud. Degawd o fynd a dod o'r fan honno. Degawd o chwilio am ei fam yn wyneb claf.

Ac yna fe gryfhaodd, fe ddaeth oddi ar y tawelyddion i gyd. Daeth yn rhydd o'u crafangau ac fe ddysgodd pwy oedd hi go iawn.

Roedd yr hen dŷ yn wag pan gyrhaeddodd y ddau y clos. Roedd y tân wedi diffodd a rhyw olwg glaf ar y lle. Agorodd Taliesin ddrws y gegin orau a synhwyro bod ei fam yn gwneud melltith yn rhywle. Roedd y cwpwrdd cornel yn gilagored. Aeth i weld a oedd rhywbeth ar goll. Sganiodd y poteli bach cul a'u capiau du. Oedd, roedd hi wedi mynd â hi. Cododd ofn drosto. Gwyddai fod ei fam yn feistres ar foddion. Gallai wella bron popeth ond i'r claf fynnu gwella. Rhyfeddai at bobol fyddai'n well ganddynt farw mewn poen na rhoi'r gorau i'r hyn wnaeth nhw'n sâl yn y lle cyntaf. Roedd rhyw atynfa mewn dinistr. Gallai feistroli'r meddwl callaf.

Gallai wella, gallai hefyd ddifetha – a dyna oedd ofn Taliesin.

Roedd Awen wrthi yn glanhau'r lle tân ac yn ailosod y brigau mân cyn eu tanio. Synhwyrodd Taliesin mai gwell oedd gadael iddi. Aroglodd wynt y mwg yn treiddio drwy'r tŷ. Agorodd y drws er mwyn cryfhau tyniad y gwynt drwy'r shimne. Aeth i wneud te ffres, torrodd dafell o fara yr un a phlastro jam gorau ei fam arnyn nhw. Torrodd dwmpath o gaws hefyd. Eisteddodd y ddau yn nhywyllwch swil y gegin orau.

'Ti'n meddwl fydd hi'n hir?'

'Pwy, Mam?'

'Wrth gwrs dy fam. Pwy arall? Mae wedi bod o 'ma ers orie, weden i.'

'Fydd hi ddim yn hir. Galw i weld hen ffrind ma hi.'

'Pryd fyddi di'n cwpla'r tŷ?'

'Wy ddim 'di dechrau eto.'

'Fyddi di'n mynd 'nôl... i'r coleg?'

'Cyn hir, bydda. Sdim byd i fi fan hyn ond gwaith.'

'O!'

'Pam? Ti'n mynd i weld fy ise i?'

'Na, dim o gwbwl. Alla i ddim dy odde di.'

'O, reit.'

'Beth fyddi di'n neud... yn y coleg?'

'Gwaith.'

'Reit, ac ma 'da ti ffrindie?'

'Oes, ambell un.'

Nodiodd Awen. Nodiodd yntau. Cododd i hôl toc arall o fara jam a gosod twmpath o gaws ar ei phlât, cyn aileistedd.

'Fyddi *di'n* mynd i'r coleg?'

'Pwy, fi? I neud beth?'

'Unrhyw beth.'

'Na.'

Arllwysodd ddiferyn o de o'r tebot. Cynigiodd e i Taliesin.

'Fyddi di ddim yn dweud, na fyddi... amdana i?' holodd Awen.

'Wrth gwrs ddim. Ni'n ffrindie.'

'Wrth gwrs. Ffrindie.'

'Fydd Mam 'nôl cyn hir. Fe fficsith Mam bethe a gei di ddechre byw go iawn, yn saff i ti.'

Pwysodd ei eiriau fel tunnell arni. Fyddai hi ddim yn saff tan iddyn Nhw farw ac allai hi fyth fod yn rhydd rhag i rywun ei hadnabod. Roedd yna ddynion 'da' ym mhobman. Dynion pwerus. O gadw'n dawel, gallai fyw, ond roedd arni eisiau dial.

Cododd Awen.

'Wy'n mynd mas i ga'l bach o awyr iach. Gwed wrth dy fam i beidio neud bwyd i fi, wy ddim moyn bwyd.' Diflannodd drwy'r drws a'i chalon yn deilchion. Teimlodd ei dyfodol yn llithro fel dŵr y nant drwy ei bysedd.

Wrth gerdded a cherdded daeth i goedwig fach. Camodd i ganol y brigau. Sgathrodd cwningen o'i blaen a saethu dros y tir mwswg a'r dail crin. Gallai deimlo curiad ei chalon bron.

Daeth y lleisiau yn ôl i'w phoenydio. Doedd hi ond wedi eistedd am eiliad ar foncyff. Gadawodd i hen gwmni'r ofn ei llanw. Prin y gallai weld heibio hwnnw. Roedd popeth wedi ei dduo ac allai hi weld dim ond y düwch hwnnw yn cripian i bob rhan ohoni. Tynnodd ei hesgidiau. Tynnodd ei sanau hefyd. Plannodd ei thraed yn y ddaear oer. Cododd y dail crin a'u gorchuddio. Teimlodd groen caled y goeden ar ei chefn. O, am gael dileu ei gorffennol a bod yn rhywun arall! Gadawodd i'r dagrau dwmblo dros ei gruddiau. Rhyfeddodd ar ei gallu i grio gymaint. Doedd neb yn crio yn y Cartref Plant. Dim ond y plant newydd, y rhai nad oedden nhw wedi ymgyfarwyddo'n iawn â'r lle. Y rhai nad oedden nhw wedi deall nad oedd gwerth i hynny. Doedd dim yn newid. Doedd dim un deigryn yn mynd i newid dim. Arferai grio am ei mam-gu. Arferai grio am ei stafell ei hun, am ei bywyd bach diogel, am deimlo cwmni cysur. Cysur heb bris.

Teimlodd yr oerfel yn naddu drwy ei chroen ac yno, rhywle rhwng yr awel a'r dail, teimlodd dawelwch. Caeodd ei llygaid. Gadawodd i'r unigrwydd ei lleddfu. Roedd hi'n rhydd. Yn y funud honno, roedd hi'n rhydd, lle nad oedd yr un dyn byw yn gallu cael gafael arni.

Rosa Marina

791. Cymer flodau rhosmari a chymysga â mêl
a'i fwyta yn ymprydiol beunydd.

Hefyd y blodau sydd hyd yn oed yn fwy llesol
– berwa gyda mêl neu win gwyn hyd am yr
hanner a'i hidlo yn lân ac yfed yn oer y bore
lwyaid neu ddwy, ac ychydig o fêl gydag ef, ac
o fewn teirawr gall waredu colic. Gellid hefyd
ei ddodi wrth y bola o'r tu allan ond paid â
rhoi mêl ynddo os hynny.

Hefyd cymer ddail y rhosmari a dail y
chwerwyn (wood sage) a chymysga'r cyfan â
mêl. A meddyginiaeth dda iawn ydyw rhag
tostedd maen (strangury) a'r tostedd llysnafedd
(catarrh). Fe ddaw allan yn y dŵr.

PLANT BACH IESU GRIST

'PLANT BACH IESU Grist ydym ni bob un...'

Gwenodd Bleddyn Evans. Roedd ei swydd yn un o'r swyddi prin hynny fyddai'n rhoi'r teimlad o *a job well done* iddo. Caeodd ei lygaid bach am eiliad i wrando'n iawn ar y lleisiau. Nodiodd ei ben i gyfeiliant y gân. Roedd yma gantorion, oedd yn wir. Byddai'r gwleidyddion a dynion da yr ardal wrth eu boddau. Byddent yn wir.

Cerddodd y llawr pren a gadael i'r staff roi sglein ar y perfformiad. Cerddodd drwy'r neuadd ac allan i'r awyr iach. Anadlodd arogl y borfa newydd ei thorri. Tynnodd lolipop coch o'i boced a gwasgu'r papur oedd amdano cyn ei ollwng ar y lawnt. Gallai deimlo cynnwrf y dydd yn barod. Roedd wedi paratoi am heddiw ers tro byd. Wel, nid yn llythrennol, ond roedd rhyw fawredd yn ei gamau am mai heddiw roedd e'n swyddogol yn un ohonyn Nhw. Rhyw seremoni fach oedd y canu plant. Chwarae plant wrth gwrs. Wedyn dôi'r wledd swyddogol ac roedd cael cynnal y wledd honno yn blufen yn ei het. Yn blufen fach wrth gwrs, ond yn blufen serch hynny.

Trodd y lolipop yn ei geg a theimlo clec galed yn erbyn ei ddannedd. Roedd popeth yn gweithio fel cloc. Roedd wedi trefnu ac aildrefnu bod digon i bawb. Digon o fwyd a diod, digon o breifatrwydd a chwmni da. Llond lle o gwmni da yn gwledda a digon o bethau bach pert i dynnu dŵr o'ch dannedd. Cleciodd eto. Yn wir, roedd wedi'i gwneud hi'r tro yma: 'A job well done indeed!'

Chwarddodd Bleddyn Evans, ei dalcen moel yn sgleinio yn yr haul. Gallai fod yn OBE cyn Dolig, neu'n well, yn Fonheddwr go iawn. Ie, Syr Bleddyn Evans. Syr! Oedd wir, roedd allwedd eich enw yn agor drysau. Syr Bleddyn. Syr Bledd i'w ffrindiau. Ho, am ddiwrnod da! Clywodd wich ei sgidiau wrth gerdded y borfa wlyb. Byddai'n rhaid iddo eu tapio wrth garreg y drws cyn mentro i mewn i'r Cartref. Fyddai Hilary fach ddim yn hir cyn glanhau ar ei ôl. Un dda oedd Hilary.

O'r fan hon gallai weld y byd. Ei fyd bach ei hun wrth gwrs. Y cyfan yn cylchdroi o'i amgylch yntau – y staff dethol, yr ysgrifenyddes ddethol, y plant dethol. Roedd gan bawb ei rôl i'w chwarae yn y perfformiad bach hwn. Dim ond iddynt gofio eu rôl ac fe fyddai pob dim yn iawn.

Bu rhyw dwll bach yn y rhengoedd ers rhyw ychydig, wrth gwrs. Roedd un dyn da a'i ddamwain yn anffodus. Yn anesboniadwy. Ond dyna fe, mater o amser oedd hi tan fyddai'r teulu bach yn ôl gyda'i gilydd yn iawn. Y ddafad golledig yn ôl gyda'r praidd. A bugail newydd yn sicrhau bod y bwlch wedi ei ffensio'n iawn y tro hwn.

Methai ddeall ble ar wyneb y ddaear roedd hi wedi mynd. Pe bai wedi marw, wel fe fyddai corff. Pe bai hi'n dal yn fyw byddai rhywun yn rhywle wedi ei gweld. Roedd merch mor anghyffredin â hi yn sicr o dynnu sylw. Ac roedd rhywbeth am blant amddifad oedd yn wahanol i blant eraill. Rhyw wendid, ie, gwendid, yn eu cerddediad, yn eu hymddangosiad. Rhyw wendid bach a ddwedai wrth y byd i gyd eu bod yn gelwyddog, yn annigonol. Arbrawf bach i chi nawr. Gwyliwch chi gerddediad pobol. Mae'r stori fewnol yno'n glir, ym mhob ystum, ym mhob osgo. Chwarddodd Bleddyn – roedd e'n dipyn o foi ar y pethau 'ma erbyn hyn. Blynyddoedd o ddarllen pobol. Ei ddiléit personol.

Hen ddyn bach di-nod oedd ei dad ei hun. Goffer bach diwerth. Cerddai fel goffer, cerddai fel dyn heb statws am nad oedd statws ganddo. Crechwenodd Bleddyn. Gymaint, o, gymaint o gywilydd! Hen ddyn pen moel yn byw ar geiniog a dimai. Hen ddyn glanhau sbwriel a thorri lawnt, i ddynion o bwys gael cerdded drosto. Garddwr. Ie, dim ond garddwr a dyn y bins. Surodd gwefus Bleddyn. Methai ddeall dyn heb unrhyw uchelgais. Hen ddyn bach di-nod yn rowlio'i stwmpyn ffag wrth dorri bedd bach, a dim awydd cyflawni dim mwy na chael cyfle i eistedd ar glawr ei din ar bnawn Gwener oer a chael mynd am adre yn ei fan fach bum munud yn gynt nag arfer. Ych!

Diolchodd Bleddyn am ei uchelgais ei hun. Tarodd olwg arno'i hun yn ffenest y Neuadd Fawr. Wnâi neb gerdded ar ei draws e. Ffliciodd flewyn prin yn ôl i'w le a thynnodd ei law yn ysgafn dros ei ysgwydd. Ymsythodd. Cododd un llaw i'w lygad chwith, ei chysgodi yno am eiliad, cyn ei thynnu oddi yno. Ie, fel hyn fyddai'r Cylch yn ei wneud. Cuddio un llygad. Mewn cylchgronau. Cuddio un llygad. Cuddiodd ei lygad eto. Daliodd ei law yn gadarn dros ei lygad. Dim ond un, cofiwch. Oedd, roedd Bleddyn Evans yn ddyn o bwys. Yn ddyn da ac yn un o bwys.

Wrth i'r dynion da gyrraedd, safodd Syr wrth y drws. Gwyliodd nhw'n cerdded un ar ôl y llall i'w neuadd. Teimlodd yr hen falchder yn llanw ei ysgyfaint. Dynion o statws. Hoelion wyth y gymdeithas, pob un yn noddwr hael. A dyna un o'i falchderau mawr, ei waith elusennol. Cael cyfle i'r gymuned ddod at ei gilydd, i gynnal y rhai llai ffodus.

Yng nghysgod y dyn tynnu lluniau gwelodd ei gyfle. Sleifiodd ei ffordd yn dawel bach i sefyll ochr yn ochr â nhw. Rhesodd y dynion yn daclus bach ger y pileri carreg, pileri crand o'r oes a fu. A chlic clic, roedd yntau hefyd yn perthyn. Roedd yn rhan o hanes.

Aeth Bleddyn wedyn i'r cysgodion i wylio. Roedd wrth ei fodd yn gwylio. Un o ddynion y cyrion oedd e ac roedd rhyw bŵer yn hynny. Tynnodd ddwsin o luniau â chamera bach ei feddwl a theimlo'i frest yn chwyddo gyda phob clic. Gwleidyddion, ambell ddoctor, ambell ddyn o'r heddlu, ambell un o'r cyfryngau, pob un yn ddyn o statws. Sylwodd ar eu cerddediad. Pob un yn gefnsyth. Pob cyhyr yn mynnu dangos eu pŵer. Gwenodd Bleddyn ac am funud fach efelychodd nhw.

Yn nhroad y pen. Yng nghadernid yr ysgwyd llaw, yn y chwerthin o'r frest ar jôc nad oedd yn jôc. Twtiodd ei wallt prin cyn edrych ar y watsh ar ei arddwrn. Byddai'n rhaid i'r plant ddod i'r neuadd mewn eiliad. Na, doedd iws iddo wylltu. Popeth yn ei amser. Rhaid gadael i ddynion o bwys gael amser i fân siarad, i roi'r byd yn ei le.

Pan fyddai pawb wedi cael cyfle i roi'r byd yn ei le byddai'n awgrymu iddynt fynd i'w seddi. Wedyn, byddai'n rhoi'r nòd i Malcym, y cyfeilydd, i hôl y côr bach yn barod i ddechrau'r seremoni.

Cân fach grefyddol, cwpwl o areithiau, cyfle i ganmol hwn a'r llall am eu gwaith diflino. Y cynghorydd – ie, ei swydd hi fyddai honno. Doedd Bleddyn ddim yn rhyw ddeall i beth oedd eisiau i gynghorydd fod yn fenyw, ond dyna fe, roedd hon yma i gadw'r hen ddysgl yn wastad. Cloben o fenyw mewn siwt. Clywodd hi'n canmol y Cyngor, canmol ei rôl ei hun yn y Cyngor, canmol y Cartref. Nodiodd Bleddyn gan dderbyn ei chlod. Efallai y gallai ddod i ddeall.

Gwelodd gysgod Hilary fach yn diflannu drwy'r drws. Dilynodd hi. Pa werth oedd gwefr heb ei rhannu? Roedd ganddo ryw bum munud fach sionc i'w sbario. Cofiodd am ystumiau'r dynion da, y dynion o bwys. Ie, fel hyn oedd ei gwneud hi. Cydiodd yn gadarn yn ei braich. Roedd ei hwyneb yn bictiwr, mae'n siŵr. Heb air o'i geg arweiniodd Hilary fach gerfydd ei braich i'r stafell gefn a chau'r drws. Doedd dim angen esbonio i Hilary. Roedd Hilary yn deall y drefn.

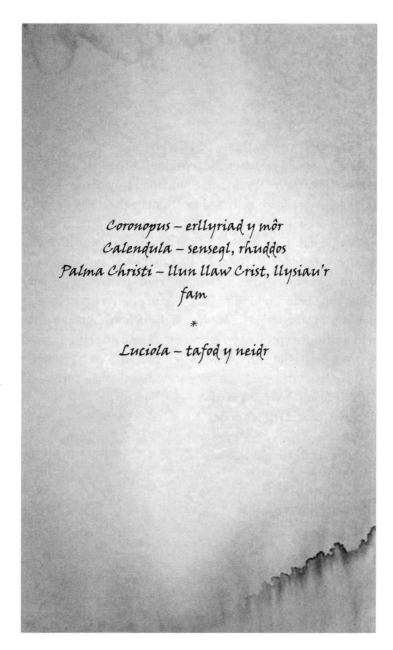

Coronopus – erllyriad y môr
Calendula – sensegl, rhuddos
Palma Christi – llun llaw Crist, llysiau'r
fam

*

Luciola – tafod y neidr

BYD NATUR

'DERE I GOFNODI!' galwodd Ceridwen.

Roedd y ferch yn dysgu'n glou. Cofnododd batrymau plannu. Plannu yn ôl y lleuad. Cofnododd y madarch i gyd yn ôl eu gallu i wella a'u gallu i ddifa. Byddai'n rhaid iddi ddysgu'r cyfan ar ei chof.

'Ma popeth sydd angen ar ddyn yn dod o natur. Cofia di hynny ac fe fyddi di gystal â'r un ohonon ni. Ro'dd dy fam-gu yn gweithio gydag anifeiliaid. Hen grefft... wy'n siŵr gallet tithe hefyd, ond sdim hast. Ysgrifenna am liw'r blode a'r perlysie. Ma digon o lyfre wedi eu hysgrifennu amdanyn nhw, ond weithie ma profiad yn cyfri mwy. Heno cyn cysgu, gwed wrtha i, beth fydde ore?' holodd Ceridwen heb godi ei phen.

'Llaeth twym a mêl? Neu falerian neu gamomeil,' mentrodd y ferch ag ansicrwydd ym mwswgl ei llais.

'Iawn, beth am ddannodd?'

'Clofs?'

'Iawn, beth am glust dost?'

'Pisho?'

'Cywir.'

'Beth am y maleithe?'

'Pisho eto.'

'Cywir.'

'Beth am gnoead ci?'

'Dŵr a halen?'

'Bola tost?'

'*Cider vinegar* gyda'r fam.'

'Ecsema?'

'Ceffir o laeth gafr.'

'Gwynegon?'

'Osgoi bwydydd llawn asid.'

'Hiraeth a thor calon?'

'Lle tawel. Amser.'

Nodiodd Ceridwen.

'Rwyt ti'n gwella bob dydd, nawr cer i'r cwtsh dan stâr i nôl winwnsyn neu ddou – ma'r annwyd 'ma'n llusgo. Bydd rhaid i fi dorri cylch neu ddau a'u rhoi dan fy nhroed heno i dynnu'r drygioni mas.'

Aeth yn ysgafn ei throed am dro'r stâr. Roedd wrth ei bodd yn dysgu yng nghwmni Ceridwen. Teimlai fel petai adre gyda'i mam-gu. Teimlai ei bod adre. O ben uchaf y grisiau pwysodd Taliesin ar ffrâm y drws.

'Dere â potel o'r eirin duon bach. Bach o win yn llesol iawn ar noson oer, llesol i'r cymalau,' pryfociodd, a thaflu un edrychiad bach slei at ei fam oedd yn gyndyn iawn iddyn nhw yfed y cyfan cyn pen hanner y flwyddyn. Arferai fod ganddi ddigon yn stôr, ond roedd cael cwmni yn y tŷ i'w diddanu yn esgus i ddathlu a hynny bob nos.

'Dere â hi!' gwaeddodd ei fam a'i hwyneb yn ifanc a direidus.

'Fe gynnwn ni dân bach heno 'to, Mam, mas yn y cae o fla'n tŷ. Be chi'n weud? Digon o win i'n cynhesu ac awyr iach y mynydd, fyddwn ni'n strabs mowr erbyn bore.'

Chwarddodd y tri. Roedd rhyw ysgafnder newydd wedi llithro dros y tŷ. Gwyddai Ceridwen fod ei chynllwyn yn gweithio.

Aeth i eistedd yn ei chadair wrth y stof a gwylio'r ddau

yn cyd-dynnu. Caeodd ei llygaid i weld eu dyfodol. Dim ond busnesad fach. Rhywbeth i gadw hen wraig yn ddiddig.

O'r pellter yn rhywle clywodd lais ei mab yn galw arni.

'Meddwl mynd am wâc i'r pistyll, Mam. Heb fod ers sbel. Awen a fi. Fyddwn ni ddim yn hir.'

Nodiodd hithau o bell yn rhywle a gwrando ar y drws yn cau cyn ailafael yn ei myfyrdod.

Gwelodd Awen. Gwyddai y byddai'n gwella.

'Fe wellith hi, o gweith, ac fe fydd hi'n help i eraill.' Llifodd ymhellach i'w huwchymwybod. 'Bydd e, Taliesin, yn agor llygaid y byd i'r cam-drin – mewn erthygle papur newydd, ar y we. Byddan nhw'n gysurus, a hynny mewn blwyddyn neu ddwy, a phan fyddan nhw'n hŷn... na, fydd yr un plentyn.'

Synhwyrodd Ceridwen fod hynny yn ddigon iddi ei wybod. Doedd dim iws mewn gwybod gormod. Fyddai hynny ond yn cymhlethu pethau. Doedd ganddi ddim amynedd i aros i bethau ddigwydd yn ôl cwrs amser. Un felly fuodd hi erioed. Un fyrbwyll a diamynedd.

Llithrodd i drwmgwsg pellach a chrwydrodd ei meddwl ymhell o adre i gartref arall. Cartref oer. Gwelodd y bachgen yn crio yn ei gornel. Bachgen tua'r un oed ag Awen. Gwelodd e'n golchi ei gorff, yn rhwbio ei groen yn goch. Amrwd. Roedd arno ofn. Gwelodd yr edrychiad gwyllt yn ei lygaid fel un ar fin marw. Roedd yn rhaid iddi ei helpu. Llithrodd yn llygad ei meddwl i sefyll wrth ei ochr. Gwyddai nad oedd e'n agored i'w gweld. Safodd wrth ei ymyl a rhannu cylch o ddaioni gydag e. Aeth ar grwydr drwy amser a'i weld yn iau.

'Wy wedi gweld lot o bethe fan hyn. Lot fowr o bethe,' meddai, â brwdfrydedd plentyn bach. 'Fydden i'n lico gweud wrthot ti... ond wel, ma fe'n rili bwysig bod dim pawb yn ca'l gwbod. Ma Nhw'n lico bo' ni'n lân. Plant bach Iesu Grist yn lân bob un... Wy'n lico'r emyn. Plant bach Iesu Grist ydym ni bob un... Wyt ti'n gwbod hi? Na? Wel, bydd rhaid i ti ddysgu ddi. Cana... Fyddan Nhw ddim yn bles os nad wyt ti'n gallu canu. Dere mla'n... Dere i ni ga'l dysgu'r gân yn reit, ife? Chei di ddim row wedyn...'

Gwyliodd Ceridwen e'n rhwbio'i groen yn orffwyll lân a'i lais fel hen dôn floesg. Siaradodd ag e.

'Abel? Abel, 'machgen glân i, dere. Dere â llaw i Ceridwen. Ti'n 'y nghlywed i? Dere at yr haul 'da Ceridwen. Wy 'di dod i dy helpu di. Dwyt ti ddim ar ben dy hunan. Ti'n saff. Dere â llaw i Ceridwen. Fe ewn ni wedyn. Sdim byd i ti olchi. Rwyt ti'n lân, 'machgen glân i. Dere at Ceridwen.'

Ond chlywodd Abel yr un gair. Gwasgodd y brwsh caled i'w groen.

'Ma Nhw'n lico ni'n lân... rhaid i fi fod yn lân. Dim ond pethe pert, pethe glân... R'yn ni'n un teulu hapus fan hyn... yn dy'n ni, e? Ni'n un teulu hapus yn fan hyn.'

'Dere at Ceridwen... ti'n clywed? Sdim ise i ti fod ofan. Dere, dere mas i'r haul.'

Gwelodd Ceridwen e yn llygad ei meddwl yn cael ei brynu a'i werthu ganwaith. Abel. Ie, Abel oedd ei enw. Syllodd i fyw ei lygaid bach a gweld dim mwy na phlentyn. Plentyn deg oed yn gwlychu ei wely. Plentyn deg oed eisiau mynd adre. Yn ddim ond plentyn deg oed.

'Fyddwn ni'n mynd ar drip, mynte Syr, trip i weld y môr.'

'Dere, 'machgen glân i. Dere i ninne fynd am drip i'r môr, dere. Gwisg dy ddillad ac fe ewn ni. Dere drwy'r drws. Sdim ise i ti fod fan hyn ar ben dy hunan.'

'Ond wy fod fan hyn. Wy fod aros iddyn Nhw ddod i'n hôl i. Ma Nhw ar eu ffordd. Wy 'di bod yn ddrwg... Cha i ddim mynd ar y trip, wedon Nhw hynny...' Ceisiodd Ceridwen ei ddenu a'i ddofi. Roedd yn rhaid iddo ddilyn. Roedd yn rhaid iddo agor y drws a dilyn ei llais. Roedd ganddo ddewis i ddilyn. Allai hithau wneud dim ond ei annog.

'Dere, Abel, gwranda ar Ceridwen. Wy 'ma i dy helpu di. Chawn nhw ddim dy ddala di, ti'n clywed? Chei di ddim cosb.'

Parhaodd y bachgen i grafu'r cochni i'w groen ei hun. Gwelodd Ceridwen e'n heneiddio o flaen ei llygaid, ei lais yn gras a'i wyneb yn artaith.

'Ac ar ôl i ni fynd ar gefn y donci fe gewn ni lond twba o hufen iâ, ac fe wedodd Syr fod 'na sedd ar bwys y dreifer i fi, gan mai fi yw ei ffefryn e... am heddi.'

Corddodd stumog Ceridwen. Gwyddai fod y dynion ar ddod i'w nôl. Gallai flasu ei ofn. Golchodd ei phŵer drosto fel cawod lân ac annog ei uwchymwybod i'w arwain.

'Dere, Abel, gwisga amdanat. Dere 'da Ceridwen i weld yr haul, 'na fachgen bach da. Dim ond bachgen bach da wyt ti, dere.'

Pallodd y bachgen symud. Parhaodd i olchi'r creithiau o'i feddwl. Cynhyrfodd Ceridwen – yn llygad ei meddwl gallai eu gweld, yn brasgamu ar hyd y coridor.

'Dere, Abel, drwy'r drws a dilyna fy llais i'r awyr iach.'

'Cha i ddim mynd. Wy'n frwnt. Cha i ddim mynd i'r haul, mae'n rhaid i fi aros fan hyn. Dyna ddwedodd Syr.'

Gwylltiodd y bachgen. Welai ddim ond nos. Ymdrechodd Ceridwen i'w gysuro. Byddai'n rhaid iddi gael ei ganiatâd i'w helpu. Ond roedd e ymhell bell mewn düwch. Allai ddim gweld. Syllodd arno. Gwyddai y gallai ei achub, ond iddo gytuno iddi wneud hynny. Ond roedd e ymhell bell... yn rhy bell i'w gyrraedd.

Llifodd y lluniau drwy lygaid Ceridwen. Roedd y dynion

wrth y drws. Poerodd yr hen wraig ei melltith arnynt i'w harafu cyn mentro eto.

'Abel, gwranda, ma Awen dy ffrind yn saff 'da fi. Beth am i ti ddod i'w gweld hi?'

'Awen?'

'Ie, dy ffrind di, ti'n cofio? Fuest ti'n ffrind da iddi,' cysurodd Ceridwen. Tynnodd Ceridwen lun ohonynt yn blant ar lan y môr a'i osod yn ei lygaid. Anogodd e i weld. 'Diwrnod da ar lan y môr. Yr haul yn goch a'r hufen iâ'n llithro dros dy ddwylo di. Rwyt ti yno, yn gwrando ar y gwylanod, Awen a tithe.'

'Awen a fi. Do, a'r gwylanod yn dwgyd fy *chips* i ar y ffordd gatre.'

'Ie, 'na ti, dere i ni fynd at Awen. Gei di flasu halen y môr a theimlo'r tywod yn dy frechdanau.'

Siriolodd wyneb y bachgen am eiliad a theimlodd Ceridwen lygedyn bach o obaith fel gronyn o haul yn torri drwy'r düwch. Ymestynnodd am ei law, gallen nhw gyrraedd y drws yn iawn, a diflannu i gyfeiriad arall, lawr y coridorau cul, ymhell bell i grombil yr adeilad. Gwyddai lle roedd troi, pa ddrws i'w agor, pa lwybr i'w ddilyn. Gallen nhw ddianc cyn i'r dynion gyrraedd. Gallai ei helpu i guddio yno tan iddi dywyllu go iawn, gallai ei swyno i gysgu tan i'r perygl ddiflannu. Gwyddai Ceridwen y gallai'n burion ac roedden nhw yno, yn llygad ei gobaith... yn aros i'r dynion fynd o'r Cartref yn waglaw.

'Ddei di 'da fi? Ddei di? Abel, i lan y môr, at Awen?'

'NA!' fflachiodd llygaid Abel a'r diafol yn effro ynddyn nhw.

'Pam? Abel? Pam na? 'Machgen bach glân i, dere i'r haul.'

'A gorfod dod 'nôl i fan hyn? Bydda i'n gorfod dod 'nôl fan hyn bob tro.'

Torrodd ei lais cras ar lif ei gobaith. Daeth y düwch fel ail don drosto gan olchi'r haul o'i wyneb. Gwyddai Ceridwen fod ganddo'r hawl i ddewis. Allai hi ddim dileu hynny.

Gwelodd e'n codi ei ben i'r rhaff. Doedd dim y gallai hi ei wneud. Roedd gan bawb ei ewyllys rydd. Roedd gan bawb yr hawl i ddewis marw. Yn nüwch ei gell, allai wneud dim ond ei gysuro'n fud. Yng nghlwyfau ei feddwl gwellodd e, ac wrth i raff ei orffennol gau o gylch ei wddw, cododd ei ysbryd a'i gario o'i garchar.

Cariodd Ceridwen ei enaid yn dawel i'r golau. Bendithiodd e. Ddôi neb i'w gyffwrdd rhagor.

Roedd y bachgen yn rhydd. Roedd Abel bach yn rhydd.

Plymiodd y ddau ganwaith i waelodion dŵr y pistyll. Llifai'r ewyn yn wyn i'r wyneb.

'Deimlest ti 'na?' holodd Awen.

Syllodd Taliesin yn fud arni ac ysgwyd ei ben. Gallai Awen synhwyro bod rhywbeth wedi newid. Cyfeiriad y gwynt efallai? Rhyw dyndra yn y cymylau? Lle gynt bu awyr las, bellach roedd yr awyr yn clafychu. Teimlodd y ddau'r awel yn caledu.

Gwyddai Awen fod rhywbeth ar gerdded. Gallai flasu hynny fel hen flas cas. Paniodd llygaid Taliesin y lle – roedd rhyw nerfusrwydd newydd yn perthyn iddo.

'Aaaaaaaa!' Ymsythodd y ddau a rhewi yn eu hunfan. Llais Ceridwen. Sgrech Ceridwen a'i chynddaredd yn clindarddach drwy'r cwm. Sain fel cri'r eryr yn rhacso'r awel. Saethodd arswyd drwy'r ddau. Rhaid bod Ceridwen mewn perygl.

'Well i ni fynd am 'nôl,' mynnodd Awen. Lledodd rhyw gwmwl drosti ac o fewn dim roedd ar y lan yn sychu ei chroen ac yn barod i adael. Prin fod gan Taliesin amser i ddadlau heb sôn am roi ei goesau yn ôl yn ei drowser.

Roedden nhw ar dân i adael. Teimlodd y ddau ryw arswyd yn cerdded drostyn nhw. Aethant am adre yn fud a chyrraedd y clos angladdol.

Brasgamodd Taliesin tua'r tŷ.

'Mam? Mam, be sy? E? Chi'n iawn?'

Roedd Ceridwen yn gynddeiriog. Taflodd y badell o'i llaw, chwalodd hen lestr o'r cwpwrdd tsieina. Hyrddiodd y cotiau ar hyd y gegin cyn disgyn yn swp ar y llawr.

Galarodd.

'Aaaaaa.'

'Mam, be sy arnoch chi? Gwedwch, wir.' Cydiodd Taliesin yn ei fam â'i holl nerth a'i chofleidio'n galed. Brwydrodd hithau â'i holl nerth yn ei erbyn.

'Mam. MAM!'

Safodd Awen yn fud wrth y drws. Gwelodd yr hen wraig gref ym mreichiau ei mab a'i gwallt ar wrych i gyd.

'Fethes i! Fethes i! Fethes i!' Gallai Taliesin weld â llygaid ei fam. Gwelodd y corff. Gwelodd y dynion wrth y drws. Gwelodd y gobaith bach yn diffodd. Difarodd nad oedd yno gyda hi. Yn ddau gallen nhw fod wedi ei arbed. Gallen nhw fod wedi ei arwain oddi yno. Gallen nhw fod wedi tynnu'r diawl o'i feddwl.

'Abel?' mentrodd Awen. Wyddai hi ddim pam wnaeth hi feddwl am Abel ond roedd rhyw lais yn ei phen yn canu ei enw. Teimlodd ryw dawelwch cynhenid yn llifo drwyddi. Rhaid mai yma ddoen Nhw nesaf, meddyliodd. Gwyddai hi mai dim ond Abel oedd rhyngddi hi a Nhw. Fel hynny fuodd hi erioed. Byddai Abel yn cymryd y gwaethaf er ei mwyn hi. Syllodd i'r unfan. Roedd yn rhaid iddi ddianc. Hynny neu ddial.

Y noson honno eisteddodd y tri yn fud o amgylch y tân. Hiraethai Awen am yr hen wraig ddrygionus, a'i chwerthiniad yn llanw'r hen le. Heno roedd hi'n hollol fud. Hiraethai am Abel hefyd. Syllodd Taliesin ar ei fam yng ngolau gwan y tân. Doedd e ddim am ei cholli eto. Cofiodd amdani yn gorwedd yn ei gwely am fisoedd heb sylwi ar ddim ond am liw'r lleuad. Diflannodd wedyn i'r fan hon. Gwyddai mai amser oedd ei angen arni. Amser i wella, i gryfhau. Ond doedd ganddyn nhw ddim amser. Roedd yn rhaid bod yn barod. Roedd storm uwch eu pennau ac allen nhw ddim gadael i'r corwynt eu rhwygo.

O wres y tân, cerddodd y tri yn dawel i waelod yr ardd. Fu Awen ddim yno ers iddi gyrraedd. Roedd rhyw ofn yn perthyn i'r lle o hyd. Ofn y tylwyth teg. Ofn yr anwybod.

'Er cof am Abel.' Cododd y tri eu gwydrau ac yfed iechyd da i'r bachgen. Doedd dim angen corff. Roedd Abel yno gyda nhw. Roedd e'n rhydd, heb faich ei gorff i'w gario. Synhwyrodd Awen ei fod yno yn awel y gwynt, yn wyneb y fflamau, yn llygaid y sêr.

Safodd Ceridwen yn gefngrwm, fel pe bai'n cario'i methiant gyda hi. Gwyddai mai ei ddewis e oedd rhoi terfyn ar bopeth. Allai hi ddim newid hynny. Roedd e'n gaeth i'w ofn, rhaid oedd iddi hithau dderbyn mai fel hynny roedd pethau i fod. Roedd pwrpas i bopeth. Roedd gwers ym mhopeth. Ac eto, wrth edrych i fyw llygaid y ferch teimlai nad oedd wedi ymdrechu digon. Pe bai hi wedi ei glywed ynghynt, pe bai hi ond wedi tawelu ei feddyliau, gallai fod wedi ei arwain oddi yno yn yr un ffordd ag y gwnaeth ag Awen. Dylai fod wedi twyllo'r dynion, eu dinistrio yn y fan a'r lle, er mwyn eu hatal rhag dod yn agos ato. Ond doedden nhw ddim yno mewn gwirionedd. Dim ond yn nychymyg Abel roedden nhw. Roedd Abel yn rhy bell i wrando arni. Roedd e'n barod i fynd adre.

'I Abel bach,' sibrydodd y ferch heb yr un deigryn, a'r graith ar ei hwyneb wedi diflannu bron yn llwyr. Breuddwydiodd ganwaith ei hun am ddianc. Gallai gofio'r ofn yn curo drwy ei chorff gystal nawr ag erioed. Gallai flasu'r ymdeimlad o ddianc i ryw fan gwyn.

Yng nglesni'r ardd fach, sibrydodd y tri eu ffarwél i Abel.

Ond roedd calon Ceridwen am gael cyfiawnder. Roedd calon y tri am gael cyfiawnder. Aileisteddodd y tri ar y borfa yn gaeth i'w cynlluniau. Byddai'n rhaid dechrau wrth eu traed.

Y noson honno, eisteddodd Taliesin yn agos at ei fam, fel pe bai'n blentyn unwaith eto. Tynnodd y cynhwysion i gyd o'i meddwl. Trodd nhw ym mhair ei feddwl ei hun. Roedd ei fam yn graff, yn gyfrwys. Byddai'n rhaid iddo anfon nerth ati. Nerth gobaith nad oedd modd ei ysgwyd.

Angelica – llysiau'r angel
Polygalwm – llysiau Crist
Antylys – palf y gath
Convolvulus – y taglys
Ophioglosswm – tafod y neidr
Oxalis corvi – suran y frân
Pisosella – clustiau'r llygoden

CARTREF

CLYWODD WICH EI esgid ar hyd y llawr pren. Teimlai'r
siom yn fwy am ei fod yn adlewyrchiad gwael arno
yntau. Doedd dim sôn am y ferch, ac roedd yr unig gysylltiad
rhyngddo a hi ynghrog mewn stafell molchi yn un o'r cartrefi
eraill. Byddai'r cyfryngau yn bla dros y lle. Diolchodd nad ar
ei batshyn bach ef ei hun roedd hynny. Doedd dim yn waeth
na thynnu sylw at y bastards bach. Rhyw straeon trueni mawr
ar glawr pob papur. Hunanladdiad. Doedd dim eisiau rhyw
barti ar dudalen flaen yn cwestiynu diffygion y ddarpariaeth.
Diawch erioed, ddylen nhw fod yn ddiolchgar o gael cystal
lle.

Cnodd drwy'r lolipop gan daflu'r goes yn ddiamynedd.
Byddai'n rhaid iddo adael i bethau dawelu. Doedd dim iws
iddo godi ei ben am ychydig. Gwyddai fod ganddo gysylltiadau
i'w amddiffyn, ond byddai'r cyfnodau hyn yn siŵr o gorddi
ambell un. Rhyw blant y system, rhyw fastard bach yn teimlo
fel siarad mas, chwilio am gyfiawnder, codi ymwybyddiaeth.

'Cachwrs bach anniolchgar!'

Chwarddodd wrth feddwl am yr holl achosion amlwg
gafodd eu sgubo dan y carped. Ambell gyflwynydd rhaglenni
plant, ambell wleidydd, ambell athro da. Pobol gyhoeddus.
Nid rhyw *loners* neu *odd-bods* neu *misfits*. Chwarddodd wrtho'i
hun. Chwarddiad o'r gwddw. Roedd y cyfan mor amlwg ac
eto, pwff! Jyst fel'na! Byddai'r cyfan yn diflannu dan y carped,
hen garped hud, lle byddai'r holl dystiolaeth yn diflannu dros

nos a'r holl lygad-dystion yn cael eu diystyru fel celwyddgwn. Yr holl blant. Yr holl achosion. Pwff! Wedi mynd dan y carped hud. Am garped da, a neb yn euog, nac yn cael eu cosbi, neb yn euog tan eu bod yn saff yn eu beddi. Chwarddodd eto ar glyfrwch y system. Pob un mewn poced.

Chaen nhw ddim pardduo ei enw. Ddim byth. Byddai'n rhaid iddo fod yn ofalus. Byddai'n rhaid iddyn nhw i gyd fod yn ofalus. Dim ond dal ei anadl am gyfnod. Cadw ei ddwylo bach yn lân tan i'r holl gawdel ddisgyn yn ôl i'w le. Doedd ganddo ddim i boeni amdano mewn gwirionedd. Ddôi dim o gwestiynau'r heddlu. *Paper exercise. Paper trail.* Dyna i gyd. Gwyliodd gar yr heddlu yn diflannu drwy'r dreif, heibio i'w bileri crand. Heibio'r diafol mawr a'r diawled bach. Syllodd arnyn nhw drwy ffenest y Neuadd Fawr. Gweision bach dibwys. Pwy ddiawl oedden nhw i fentro galw yma am hanes y bachgen? Roedd bechgyn fel Abel yn 'diflannu' bob dydd mewn rhyw gornel fach o'r wlad. Roedd e wedi mynd i'r cartref arall ers blynyddoedd. Beth ddiawl oedd eisiau gofyn yr holl gwestiynau, gwedwch? Rhaid bod ei gofnod wedi diflannu. Doedd e ddim yn un i gadw hen gofnod am blant oedd wedi symud i gartrefi mwy 'addas'. Holodd am y Chief. Cyfeiriodd ati wrth ei henw cyntaf. Roedd am ddangos ei fod yn 'perthyn', ei fod ar delerau gwahanol i'r gweddill. Holodd sut hwyl oedd arni. Sut fwynhaodd hi'r cinio mawreddog dros y penwythnos? Sut lwc gafodd hi i gael gafael mewn potel arall o win da?

'Y Malbec yn rhagori?'

Dyn Merlot oedd e, ond gallai werthfawrogi Malbec wrth dorri i mewn i'w stêc nos Sadwrn.

'Chwaeth, yntyfe, fechgyn.'

Chwaeth oedd popeth mewn bywyd. Ond chafodd fawr o

fân siarad. Dim *chit chat*. Na, pobol ticio bocs oedd rhain, nid ei bobol ei hun. Cododd ei ael, a ffugwenodd. Hen beth salw oedd un heb brofiad, heb gysylltiad, heb ddeall yn iawn pwy oedd e mewn gwirionedd.

Ond roedd yr heddwas bach yn rhy ewn o lawer. Wfftiodd. Gwelodd y brwdfrydedd yna droeon. Brwdfrydedd un oedd yn meddwl y gallai newid y system. Ha! Newid y system? I bwy, gwedwch? Doedd dim byd o'i le ar y system. Eisteddodd yn gartrefol yn ei gadair. Aeth i boced ei got fach a thynnu allwedd ohoni. Gwasgodd yr allwedd i'r clo cudd yn ei ddesg a'i agor i weld pentwr o 'yswiriant'. Byseddodd y lluniau – rhai hen, rhai newydd, rhai hen, rhai ifanc.

Doedd e'i hun yn euog o ddim. Dim ond digwydd bod yno gyda'i gamera roedd e. Camera hen ffasiwn. Doedd ganddo ddim diddordeb ei hun yn y fath 'ddiléit'. Dim ond dyn busnes oedd e. *Supply and demand*. Dyn yswiriant. Ie, dyn yswiriant, dyna i gyd.

Twriodd i waelod y pentwr. Dynion da bob un. Lledodd gwên fach ar draws ei wyneb cyn iddo ail-gloi'r drâr a gosod yr allwedd yn saff yn ei boced. Cododd o'i sedd wrth glywed car arall yn tynnu i'r dreif. Diawlodd. Prin iddo gael amser i feddwl rhwng ei gyfweliad â'r heddlu. Bu bron iddo anghofio'n gyfan gwbwl am y ferch newydd. Cerddodd i'w chyfarch.

'Aaaa. 'Co ni. Croeso. Nawr, nawr, sdim ise'r dagre 'ma. Bydd hwn yn gartre bach neis i ti, digon o ffrindiau, a merched eraill i rannu stafell.'

Gosododd y ferch newydd ei lolipop yn ei cheg. Sychodd Syr ei dagrau cyn galw ar Hilary fach i'w harwain i'w stafell. Byddai popeth yn iawn. Byddai'r Cartref yn lle perffaith i ferch fel hi. Arweiniodd hi yn dawel i'r Neuadd Fawr. Gosododd ei law yn dyner dadol ar ei hysgwydd a gwyliodd gar cyfarwydd y 'social worker ddiawl' yn tynnu dros y cerrig mân. 'Social worker' fach newydd. Rheini oedd y gwaethaf.

Doedd y ferch ddim yn berffaith i'r Sant, ond roedd hi'n annwyl. Oedd, annwyl iawn. Y llygaid yn annwyl. Byddai angen rhai dyddiau arno i'w pharatoi ac yna galwad fach sydyn i'r Sant i weld beth oedd ei awydd.

'Licet ti weld y môr?' Wrth gwrs, roedd pob plentyn yn hoffi mynd i lan y môr. Câi'r Cigydd a'i ddyrnau ddod i'w hôl ac yna, gyda bach o lwc, byddai'r arian yn ei boced cyn nos.

Syllodd am eiliad drwy ffenest y Neuadd Fawr. Yn y pellter gallai weld yr Ysbyty Meddwl yn blaen. Gwastraff arall o safle da, meddyliodd. Pitïodd nhw. Yn faich ar gymdeithas. Pob un yn aros i farw. Gwell fyddai eu difa i gyd. Wfftiodd Bleddyn.

'Am fyd. Am fyd.'

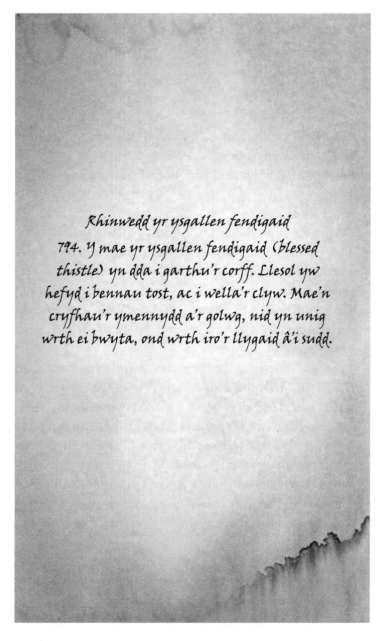

Rhinwedd yr ysgallen fendigaid

794. Y mae yr ysgallen fendigaid (*blessed thistle*) yn dda i garthu'r corff. Llesol yw hefyd i bennau tost, ac i wella'r clyw. Mae'n cryfhau'r ymennydd a'r golwg, nid yn unig wrth ei bwyta, ond wrth iro'r llygaid â'i sudd.

HACIO

'O'N I'N MEDDWL wedoch chi fod dim signal ffôn 'ma?' Llais Awen o'r drws.

Edrychodd Taliesin ar ei fam. Roedd yn rhaid i'r cynllwyn weithio.

'Er dy les di...'

'Wrth gwrs,' meddai Awen, ei gwên yn llawn gwawd.

'Fydde fe ddim 'di neud lles i ti fod ar dy ffôn drwy'r dydd. Ac i beth? A'r mynydd yn aros i ti...'

Doedd dim yn llesol mewn gwylio'r byd drwy lygaid pobol eraill, meddyliodd Ceridwen. Dyna oedd un o broblemau mawr y bydysawd. Gormod o bobol yn gaeth i'w teclynnau heb brofi dim o'r byd go iawn.

Agorodd Taliesin ei liniadur am y tro cyntaf ers iddo gyrraedd. Byddai'n rhaid iddo dorri i'r arall fyd tywyll, y we dywyll, i gael gafael ar y cwbwl. I ganfod y dystiolaeth.

Llithrodd Ceridwen i'r gegin fach i olchi llysiau a'u paratoi ar gyfer swper. Byddai angen nerth o rywle os oedd ei chynllwyn yn mynd i weithio'n iawn. Eisteddodd Awen wrth y ford fwyd. Prin bod angen iddi fanylu ar gynnwys yr hyn roedd Taliesin yn chwilio amdano. Teimlai'n noeth yn ei gwmni. Trodd ei stumog. Ond roedd ei chywilydd yn eilbeth i'w hawydd i ddial.

Cododd neithiwr eto yn gweiddi enw Abel. Gallai ei synhwyro yn rhywle yn llais y mynydd, yng nghysgod y creigiau. Roedd e'n rhydd, gallai deimlo hynny. Gallai weld ei wyneb yn un â bois y mynydd yn carlamu mewn drygioni am adre. Eu hysbryd yn un â'r awel. Gweddïai am hynny. Gweddïai ei fod wedi dianc gystal â hi ac roedd e yno, yn sicr, yng nghân y nant, yn adain yr hebog uwch y brwyn. Roedd e yno. Ac wrth iddi dynnu ei dillad gwely dros ei phen, gwyddai mai ef oedd yno yn llaw ei mam-gu yn bwyta brechdan Spam rhwng llwnc o *squash*. A phan ddôi'r glaw i glafychu'r tir, fe oedd yno hefyd yn codi barcud ei chwerthin ac yn hwylio'n uwch nag artaith ei orffennol. Roedd yn rhaid iddo gyfri. Roedd bywydau'r gweddill hefyd yn cyfri. Byddai'n rhaid i'r cynllwyn weithio.

'Fydde Syr yn dod i dynnu llun. Llunie bach neis i ddechre ar y lawnt, y *lawn*. Roedd e'n neis bryd hynny, fydden i'n llio lolipop ac yn gwenu ac esgus chwarae 'da wynebau'r diafol yn y garreg. Roedd e'n lico'r rheini. Ac ambell waith bydde fe'n gwahodd rhai o'r bobol bwysig i ddathlu, yn y seler. Ac yn fan hynny fydden Nhw'n neud... Glywes i fod 'na dwneli yn mynd o'r Cartref, dan ddaear, ac roedd Abel yn meddwl eu bod nhw'n mynd ar draws y dre i gyd, i bob man o bwys. Fydde plant yn "mynd ar goll" fan hynny.'

Syllodd Taliesin arni.

Trodd Awen yn ôl i fyd ei hartaith. Hunllef arall. Y tro hwn roedd hi yno gyda Nhw. Yn aros. Drysau. Rhaid i ni fynd am y drysau. Maen nhw wedi cau. Yr un fach. Yr un fach leiaf yn cydio yn ei llaw. Yn ymbil arni i'w hachub. Y lle yn dywyll a'r drws wedi cau.

'Agorwch y drws. Plis agorwch e.' Y plant yn llefen eto. Hithau'n crynu, yn ymbil, yn teimlo'r ofn fel ysbryd drwg. A'r llaw fach yn gwasgu'n dynn, dynnach amdani.

Y drws wedi cau.

Gwasgodd Ceridwen ei hysgwydd yn addfwyn, fel pe bai'n

ei hannog i adael y gwaith i Taliesin. Doedd dim lles mewn aredig ar greigiau garw.

'Dere,' meddai Ceridwen. 'Dere i ni'n dwy ga'l mynd am wâc. Fe ddaw Taliesin i ben â phob dim. Erbyn iddo fennu bydd yma bla.'

Cododd Awen, yn falch o gael mynd. Gwisgodd got yr hen wraig amdani a theimlo am y tro cyntaf ei bod yn ei llanw. Gwisgodd yr esgidiau benthyg heb deimlo ôl traed neb ond hi ei hun. Dilynodd gamau'r hen wraig. Byddai'n iawn ond iddi ddilyn y rheini.

Trodd y ddwy am y mynydd a dilyn hen lwybr defaid i'r man lle safai'r graig anferth. Dododd Ceridwen ei llaw arni. Gallai ei chlywed yn siarad. Roedd byd natur i gyd yn siarad â Ceridwen.

'Dere,' meddai wrth Awen a chodi ei llaw yn un â'r graig. 'Glywi di hi? Gwranda, hen ddraig yn cysgu, glywi di? Fe ddois i yma wedi torri... am fod unigrwydd y dre wedi treiddio i 'nghalon i. Pobol. Cannoedd o bobol, a finne mor unig. Hen beth brwnt yw hwnnw. Allen i ddim neud e ddim mwy. Fe ddes i yma ar ben fy hunan ac yn rhywle fe gryfhaodd y lleisiau yn 'y mhen. Ro'n nhw 'na ers y dechre. Fydden Nhw lawr fan'na yn meddwl bo' fi off fy mhen, cofia. Cloi nhw lan, dyna i ti ofal. Mae 'na dwneli dan ddaear, ti'n iawn. Nid dychmygu hynny wnest ti. Ma'r Ysbyty Meddwl ynghlwm i'r Cartref Plant hefyd, weli di? Mae'n rhan o'r "gofal". Dere i ni ga'l gorwedd ar y graig, tynna dy esgidiau, gorwedd fan hyn i ni gael clywed calon y ddraig yn cysgu. Anghofia amdanyn Nhw am eiliad.'

Gorweddodd y ddwy yng ngwres yr haul gan syllu'n fud ar y cymylau yn trolian ar hyd yr awyr. Awyr las. Cymylau gwyn. Wynebau hud a lledrith yn chwarae mig rhwng yr awel. Rhaid eu bod nhw yno am amser. Doedd dim hast i ddim arall. Cysgodd Ceridwen. Trodd Awen i'w gwylio, ei hwyneb yn rhychau tyner, ei gwallt yn chwythu'n y gwynt. Gwisgodd ddillad heb ffrils. Dilynodd ôl ei thrwyn i'w gên, i'w mynwes. Aroglodd lafant ei phersawr. Closiodd Awen ati. Gosododd ei braich yn dyner drosti a'i chofleidio. Gwasgodd hi'n dynn, dynn fel yr arferai wasgu ei mam-gu, gan wybod ei bod yn saff. Roedd Ceridwen wedi ei hachub o garchar ei meddwl. Gwyddai Awen nad oedd yr un carchar yn waeth na hwnnw.

Adar mân. Ambell garreg fain. Tirwedd wedi ei droelio. Defaid. Roedd draig ei gobaith yn dechrau deffro. Gwenodd Awen.

Gweithiodd Taliesin am ddyddiau. Prin y gallai godi ei ben o'r sgrin. Roedd blynyddoedd o dystiolaeth. Cylchoedd mân a chylchoedd mawr. Y cyfan yn perthyn drwy'r trwch ers canrifoedd. Y cymdeithasau cudd. Byddai'n rhaid iddo hacio'u cyfrifon. Hacio'r cyfryngau. Doedd iws iddo gyflwyno'r cyfan i rywun swyddogol. Swydd fyddai hynny iddyn nhw, nid galwedigaeth. Ac os oedd y teimlad yn ei ymysgaroedd yn iawn, fydden nhw ddim yn y swydd honno heb eu bod yn rhan o'r broblem.

Syllodd yn dawel ar stôr o luniau. Allai mo'u stumogi. Brwydrodd ag e'i hunan. Roedd yn rhaid i'r gwir ddod mas. Doedd dim cyfiawnder mewn tawelwch. Gwyddai, heb ofyn, am gynlluniau ei fam ond byddai eu dinistrio i gyd yn siŵr o gymryd oes. Roedd hefyd yn beryglus. Rhaid oedd deffro'r bobol, byddai'n rhaid iddyn nhw weld. Byddai'n rhaid iddo eu cyffwrdd. Byddai'n rhaid i'r plant gael eu gweld a'u coelio.

Heb hynny, byddai'r Defaid yn sicr o barhau i bori heb feddwl dim am y difrod dan eu trwynau.

Crawciai brain ei gydwybod. Rhuddodd ei awydd i lwyddo. Byddai'n rhaid iddo lwyddo. Pe bai'r system yn gweithio fyddai hyn ddim wedi digwydd yn y lle cyntaf.

Erbyn iddo orffen gwyddai Taliesin na fyddai neb yn gallu gwadu dim.

Wrthi'n cynllunio roedd Ceridwen hefyd. Gallai weld y diweddglo. Gallai weld hwnnw'n glir. Ond methai am y tro ddeall pa hewl oedd orau iddi ei chymryd. Roedden nhw'n ddynion o bwys. Roedden nhw'n gyfrwys. Rhaid oedd i hithau fod yn fwy cyfrwys.

Yn y llun cyntaf, gwelodd gwlffyn o ddyn. Hen grinc. Dyn dibwys. Dyn cer-fan-hyn-a-cer-fan-'co. Roedd ei farwolaeth yntau wedi gweithio i'r dim. Rhoddodd gyfle i Awen ddianc a dod yma i wella. Gwenodd yr hen wraig. Cofiodd e'n ei gar am bythefnos, yn llithro rhwng byw a marw. Pythefnos, a neb yn dod, neb yn meddwl chwilio. Ei geg yn sych a'i gorff yn methu dianc. Gallai ddychmygu'r artaith o geisio tynnu ei hun yn rhydd, tynnu a thynnu tan i'w holl nerth ddiflannu. Am ddiflas, meddyliodd Ceridwen. Gwelodd ei goesau yn gaeth a bysedd ei draed wedi'u llosgi'n gols du. Gwasgai'r olwyn ar ei ganol. Yn union fel gwahadden, meddyliodd Ceridwen. Hen wahadden fach dew. Deallodd ei fod yn marw a methodd wneud dim amdano. Doedd e ddim yn barod i farw. Roedd ganddo gymaint i'w wneud. Gymaint o ddyledion i'w casglu ac eto, wrth i'r nos gau amdano, ymbiliodd am gael mynd.

Cael torri syched, cael gafael yn ei gyffur. Drysodd o eisiau hwnnw. Crafangodd am hwnnw. Gwaeddodd tan iddo golli ei lais. Dyddiau o weiddi a neb yn dod. Blinodd Ceridwen arno'n deffro'r cwm â'i hen lais diflas.

Danfonodd Ceridwen y brain ato i dynnu ei dafod yn y diwedd. Llygad am lygad a... Sobrodd Ceridwen. Thalai hi ddim iddi chwerthin.

Yn yr ail lun, gwelodd wraig yn gorwedd ar ei gwely angau. Ymfalchïodd. Roedd ei chynllwyn bach yn gweithio i'r dim. Ond mynnodd Ceridwen dynnu'r Cylch cyfan at ei gilydd. Byddai'n rhaid iddi ei deffro o'i thrwmgwsg. Rhaid oedd iddi ddioddef. Doedd llithro i'r arall fyd heb ddioddef ddim yn deg. Prin chwaith fod gwerth iddi farw heb dynnu'r gweddill i'r bedd ar ei hôl. Un alwad efallai. Un alwad fach. Rhaid oedd eu dinistrio i gyd.

Deallodd Ceridwen fod mwy o waith ganddi i'w wneud. Chwilio am gyfiawnder oedd ei nod, nid dialedd. Gwyddai, serch hynny, mai ffin denau iawn oedd rhwng y ddau. Roedd yn rhaid iddi wella'r cyfan. Allai ddim fforddio unrhyw wall.

Dylech fesur eich holl gynhwysion yn ofalus,
boed nhw'n wlyb neu'n sych. Os byddant
yn rhy fawr neu'n rhy fach, gallant droi'r
feddyginiaeth yn ddiwerth neu'n wenwynig.

Boed rhad Duw arno. Amen.

DR EDWARDS

Pan gododd y doctor o'i wely'r bore hwnnw gallai deimlo llygaid ei bartner arno.

'Ma neges i ti ar y peiriant ateb. Y rhif yn *withheld*. Mae'n dweud wrthot ti alw. Peth od iawn ar fore Sul, ti'n meddwl? Well i ti siapo. Bydd hi wedi marw erbyn hyn, mae'n siŵr. Peth od na 'se ddi 'di ffonio'r *out of hours*. Do'n i ddim yn sylweddoli bod ti'n cymryd *private patients*. Wyt ti, Eifion? Ti'n cymryd *private patients*?'

'Camgymeriad, siŵr o fod, *wrong number*. C'mon, cariad, dere'n ôl i'r gwely. Caiff e aros.'

'Ro'dd hi'n swno'n desbret. Llais menyw. Ti'n cadw cyfrinache, Eifion? Wyt ti?'

'Nadw, cariad. Wy 'di gweud wrthot ti, *wrong number* yw e, 'na i gyd. Fydd hi siŵr o fod wedi galw'r ambiwlans erbyn hyn a wel, c'mon, paid dechre'r amheuon hyn 'to.'

'Wy ddim yn amheus, Eifion. Wy jyst moyn gwbod y gwir. Y tro diwetha ffoniodd rhywun yma, wel…'

'Do'dd dim byd rhyngon ni. Wy wedi gweud wrthot ti, un o fois y clwb golff yn tynnu coes. Gei di gwrdd ag e os ti moyn, fe a'i wraig.'

'Gwraig?'

'Ie, gwraig. Mae e'n briod hefyd. Mae e'n hapus ac yn briod gyda dou o blant a ci a morgej a *holiday home* ma fe ffaelu fforddio. *Junior* yw e. Mas o'r coleg. Gweithio ar y ward.'

'Os ti'n gweud.'

'Ydw, wy'n gweud. Nawr cer lawr stâr i hôl coffi. Mae'n anadl i'n drewi.'

Diflannodd ei bartner yn llawn amheuon i lawr y grisiau. Cododd Dr Eifion Edwards o'i wely a chau'r drws yn dawel ar ei ôl. Aeth i'r *en suite* i droi'r gawod ymlaen. Deialodd y rhif. Sut ddiawl nad oedd wedi clywed y ffôn? Doedd y Chief ddim yn un i alw ffôn ei gartref, felly gwyddai fod rhywbeth mawr o'i le.

Canodd a chanodd. Doedd dim ateb. Aeth drwy'r rhifau eraill dan ei enw cudd. Gadawodd iddo ganu eto ac ar ôl hir aros cafodd ateb.

'Ble ddiawl ti 'di bod?' Roedd y llais yn floesg ac yn wan erbyn hyn. Gwyddai Eifion nad un felly oedd y Chief Inspector. Pam ddiawl nad atebodd y ffôn ynghynt? Gallai ei gamgymeriad brofi'n ddirdynnol iddo. Roedd deallltwriaeth yn bopeth, ac oes nad oedd hynny'n glir, byddai yna ganlyniadau mawr.

'Chi'n iawn? Eich llais, mae e'n swno...'

'Fydden i ddim yn ffonio oni bai bod raid...' Clywodd anadl ddofn, doredig y claf.

'Odych chi 'di ffonio'r ambiwlans? Fe ffonia i nawr, ac fe ddof i draw'r eiliad 'ma.'

'Gwranda, gwranda, dwi ddim moyn ambiwlans. Dere di... dere di draw.'

Roedd y llais wedi mynd. Wfftiodd Eifion. Byddai'n rhaid iddo raffu celwydd arall. Doedd ganddo ddim dewis ond mynd i weld ei gyfaill.

Gwisgodd yn gyflym gan daflu dŵr o'r gawod dros ei ben yn sydyn. Roedd yn rhaid iddo fynd. Brasgamai am dro'r stâr wrth i'w bartner ddod i gwrdd ag e. Cariai goffi.

'Meddwl elen ni'n ôl i'r gwely am awr fach, ti'n gwbod, fel yn y *good old days*. Ti a fi, meddwl gallen ni drial 'to.'

'Sori, cariad, rhaid i fi fynd mas am eiliad.'

'I beth? At bwy?'

'Rhedeg, meddwl neud bach o redeg.'

'Wyt ti, Eifion? Wyt ti? Ma'n anodd 'da fi gredu bod dyn o dy galibr di yn rhedeg ar fore Sul. Gwed. Hy? Jyst blydi gwed wrtha i. Ma 'da fi hawl i wybod. O's rhywun arall? O's e? Alla i ddim cario mla'n fel hyn... yr holl *secrets* 'ma a finne'n ca'l 'y mrwsio mas o'r ffordd. Galli *di* ga'l y bwji ond *wy'n* cadw'r tŷ. Alla i ddim meddwl am fynd 'nôl i dŷ bach. Wy ddim yn mynd 'nôl, alla i weud wrthot ti nawr.'

Erbyn iddo orffen ei frawddeg roedd y doctor wedi brysio i'r car ac yn rasio i ochr arall y dre.

Cafodd afael yn ei 'ffrind' yn gorwedd fel corff yn ei stafell wely. Roedd y drws cefn ar agor led y pen. Rhaid ei bod wedi anghofio ei gau. Fentrai neb dorri i mewn i'w thŷ hi, o bawb. Neb. Dringodd y grisiau yn ei drowser llac. Teimlodd ddiferynion y gawod sgaprwth yn gludo'i wallt i'w ben.

Prin y gallai ei hadnabod. Roedd ei chroen yn felynach erbyn hyn a'i thalcen yn chwys. Rhaid ei bod wedi bwyta rhywbeth. Aeth ati.

'Ble ffac fuest ti?'

'Mae'n ddrwg 'da fi, ddes i mor glou... Well i ni gael ambiwlans.'

Allai'r claf ddim meistroli cymaint â chodi ei haeliau, heb sôn am wên. Teimlodd y llafnau poenus yn crafu ei hymennydd.

'Na!'

'Chi ddim yn edrych yn iawn.'

Aeth ati i deimlo gwres ei phen. Roedd hi ar dân i gyd. Rhaid cael ei gwres i lawr. Tynnodd y dillad trymaf oddi ar ei chorff. Agorodd ffenest. Roedd y claf yn llithro'n ôl i drwmgwsg. Ymdrechodd y doctor i'w chael i yfed rhywbeth. Allai ddim ei thrin yn y fan hon. Byddai'n rhaid iddo gael car i'w chludo i'r ysbyty. Cydiodd mewn tywel drud a rhedodd ddŵr oer o'r tap. Tynnodd y tywel dros y corff. Roedd ei lliw yn anghyffredin. Wyddai ddim yn iawn beth oedd orau.

Profion? Ysbyty? Byddai'n fwy diogel fan honno, a byddai angen ail farn arno.

'Wy ddim am fynd,' sibrydodd y claf.

'Be?'

'Wy ddim... am fynd... o fan hyn.'

'Bydd rhaid i chi. Chi ddim hanner da. Ma'ch tymheredd chi'n uchel.'

Sychodd y doctor dalcen y claf unwaith yn rhagor.

'Fydd yr ambiwlans ddim yn hir.'

'NA! Wyt ti'n clywed?'

Rhaid bod y gwres wedi ei drysu. Doedd hi ddim yn ddigon iach i benderfynu drosti ei hun, ac eto o fynd yn erbyn ei hewyllys, byddai'n amen arno. Llithrodd eilwaith i gwsg anghysurus. Allai'r doctor ddim oedi mwy – roedd rhywbeth rhyfedd iawn ar waith a wyddai e ddim yn iawn beth oedd orau.

Archwiliodd ran uchaf y corff a gwyliodd ei ddwylo yn crynu. Aroglodd bydredd ei hanadl.

Trodd ei gof yn ôl i'r noson dyngedfennol honno ar y comin, yntau'n ddoctor bach ifanc, newydd gymhwyso, yn cael ei ddal gyda bachgen. Crynodd ei ddwylo dros y dillad gwely. Gallai deimlo arswyd y noson honno o hyd. Taflu'r cyfan am...

Dadebrodd y claf. Syllodd y doctor ar ei hwyneb melyn

a'i llygaid pŵl. Roedd yr edrychiad hwnnw ganddi o hyd ac yntau'n euog byth ers hynny. Roedd ei gael wrth gefn yn ddefnyddiol iawn mewn achosion amheus. Rhiant anghyfrifol. Achosion llys annymunol. Llysoedd teulu diddiwedd. Dim ond un alwad, dyna i gyd, ac fe fyddai yntau yno. Teimlodd y cylch yn cau bob yn damaid. Roedd pobol yn fodlon gwneud unrhyw beth i gadw wyneb.

Twriodd Doctor Edwards yng ngwaelod ei fag. Gallai gynnig peth cysur iddi, rhywbeth i leddfu'r boen. Ond byddai'n rhaid iddo fynd i'r ysbyty. Byddai'n rhaid. Allai byth wybod yn iawn beth oedd yn bod arni. Doedd e ddim wedi hala blynyddoedd o hyfforddiant i fod yn ddoctor da a pharchus i golli'r cyfan fan hyn. Beth ddiawl oedd eisiau iddi ei ffonio fe, o bawb? Roedd digon o ddoctoriaid eraill yn y Cylch.

Cafodd afael yn ei ffôn a'r chwys yn diferu o'i dalcen. Corddai ei stumog. Roedd ei galon ar dân eisiau dianc.

Gallai alw Greg. Ie, Greg, byddai Greg yn siŵr o wybod beth i'w wneud. Roedd e'n gweithio i'r cwmnïoedd *pharma* mawr. Os oedd rhywun wedi ei brynu, yna Greg oedd hwnnw.

'Greg? Greg boi. Ie, Eifion… ise dy help di. *Suspected burst appendix…* ma ise ti 'ma nawr. *What? You must be kidding me. Oh come on, how the hell…? Fine, fine.* Gwed bod ti mas o'r wlad, ocê? *You owe me one.*'

Taflodd y ffôn ar y gwely. Byddai'n rhaid ei chael i'w gar. Gallai ei chario a'i gyrru i'r ysbyty breifat. Allai byth â'i gadael i farw yn y fan hon. Edrychai'n ddigon pell yn barod. Pam nad oedd hi wedi mynnu mynd ei hun a hynny ddyddiau ynghynt?

'Wy'n mynd i'ch cario chi, reit, Chief? Wy'n mynd i fynd â chi lawr i'r car. Ysbyty breifet. *Very discreet.* Allan nhw roi triniaeth i chi.'

Roedd corff y claf yn wlyb fel pysgodyn. Prin y gallai deimlo dim ond sgerbwd. Synnodd fod menyw mor gref wedi dirywio mor gyflym. Rhyfeddodd at ei chyflwr. Roedd rhywbeth mawr yn bod. Taflodd flanced denau amdani, ond llithrodd honno i'r llawr. Teimlai fel pe bai'n cario corff plentyn. Grwgnachodd y claf. Gallai deimlo asgwrn ei chefn fel llafn drwy ei chroen. Pam na fuasai wedi dod ynghynt? Pam ddiawl nad oedd wedi mynd ei hun i'r ysbyty?

'Paid, paid,' grwgnachodd y claf, ei llais yn denau fel sibrydiad. Caeodd ei llygaid. Allai byth ddioddef yr haul. Teimlai iddo ei dallu. Prin y gallai godi ei llaw i gysgodi ei llygaid. Roedd ei braich mor drwm.

'Chief? Chief Inspector?'

Chafodd yr un ateb oddi wrthi. Rhaid ei bod wedi llithro yn ôl i gwsg arall. Gweddïai'r doctor am unrhyw gysur, a chofiodd am y moddion lladd poen. Gallai ei chwistrellu â hwnnw. Byddai hynny'n help i'w lleddfu wrth iddo deithio i'r ysbyty.

Gosododd y claf ar sedd ôl y car. Rhedodd yn ôl i'r stafell wely i gasglu ei offer. Chwistrellodd fymryn o'r moddion lladd poen. Ond yn hytrach na'i gwella, trodd yn wenwyn. Tuchanodd y claf. Saethodd hen boer sych o'i gwefus. Clywodd y doctor y poer yn llygru ei cheg. Clymodd ei chyhyrau, datglymodd ei chymalau ac o fewn munudau roedd y Chief yn farw a'i llygaid yn syllu'n ddall.

Arswydodd y doctor.

'Beth ddiawl wy 'di neud? Mawredd dad, beth ydw i 'di neud?' Crynai ei ddwylo. Syllodd i bob cyfeiriad gan wirio nad oedd neb wedi ei weld. Arswydodd drwyddo. 'Beth ydw i 'di neud? Wy 'di ei blydi lladd hi, wedi ei blydi lladd hi!'

Yn ei banig, caeodd ddrws cefn ei gar. Brasgamodd y tu ôl

i'r olwyn a gosod ei ben yn ei ddwylo. Llifodd ton o arswyd drwyddo. Roedd wedi ei lladd. Wedi ei gwenwyno. Beth ddiawl allai wneud nawr? Roedd e, Eifion Edwards, wedi gwenwyno'r Chief. Doedd dim gwadu hynny. Allai ddim gwadu iddo fod yno chwaith. O'r mowredd! Roedd y moddion prin wedi cael amser i adael y botel ac roedd hi'n farw. Pwysodd dros y sedd i gyrraedd y claf. Chwiliodd am byls eto. Rhaid bod ei chalon yn curo. Gwasgodd ar ei chalon. Ceisiodd ailddechrau honno. Roedd rhywbeth rhyfedd ar waith. Roedd yn gyfarwydd â marwolaeth. Pa ddoctor oedd heb weld claf yn marw o'i flaen? Ond menyw gref yn troi'n sgerbwd o fewn dyddiau? Roedd yn rhaid iddo ddianc. Allai byth gael y bai am hyn. Roedd yn rhaid iddo feddwl. Callio a meddwl. Roedd ei enw ar ei ffôn. Roedd y bobol hyn yn gwybod y cwbwl. Doedd dim gobaith ganddo guddio dim.

'Ma pobol yn marw.' Ie, gallai esbonio hynny, ac esbonio'r hyn wnaeth e, er mwyn ymdrechu i achub ei ffrind. Lleddfu'r boen, dyna i gyd, i geisio gwneud pethau'n well. Gwiriodd y botel rhag ofn iddo fod wedi cymysgu.

Saethodd y panig drwyddo eto ac o gornel ei lygad gwelodd y doctor gath fach ddu. Eisteddodd y gath ar y lawnt. Oedodd am eiliad – roedd yr holl beth yn swreal. Cath fach ddu ar lawnt yn llawn drain a blodau gwyllt. Rhaid mai hunllef oedd hyn i gyd. Gwyliodd hi yn araf lyfu ei phawen. Roedd rhywbeth heddychlon am wylio cath fach ddu â llygaid gwyrdd yn llyfu ei phawennau ar fore oer. Roedd hi'n bwyllog – y gath a'i llygaid gwyrdd fel dwy gannwyll yn ei phen. Rhaid mai cath y Chief oedd hi. Cath deyrngar wedi dod i warchod ei pherchennog.

Beth ddiawl allai wneud?

I beri i ddyn gyffesu beth a wnaeth
803. Cymer froga o'r dŵr yn fyw, a thyn ei
dafod, a dod eilwaith yn y dŵr, a dod dafod
hwnnw ar galon dyn yn cysgu, a chyffesu
wna y dyn yn ei gwsg.

PALU

GWEITHIODD TALIESIN YN ddiflino. Tywysodd ei guwchymwybod e drwy'r cyfrifon i gyd. Cadwodd Awen ei phellter. Aeth i gerdded yr allt ac wedi hynny aeth i'r cwtsh dan stâr. Teimlai'r diwrnodau heb gwmni Taliesin i'w ddiddanu yn hir a diflas.

Byddai'n barod fory, meddyliodd, i ryddhau'r don gyntaf o wirioneddau. Eu plannu o fewn golwg ar hyd y we i gyd. Roedd yna gymunedau parod i dderbyn y wybodaeth, fyddai'n awyddus i ledaenu'r gwir. Wynebu dynion o bwys. Dynion pwerus a'u cyfrinachau brwnt. Ffieiddiai nhw â phob modfedd o'i enaid. Ffieiddiai nhw. Rhaid oedd eu taflu i ffau'r llewod.

Ailosododd Awen y poteli bach yn eu lle ar y silff a thwrio drwy'r jariau o gynhwysion sych.

Dail sych, Falerian, St John's Wort, Sinamon,
Balmau, Olew, Llyfr Perlysiau 1, Llyfr Perlysiau 2,
Viola odorata, Turnera diffusa,
Rosmarinus officinalis, Avena sativa, Malva sylvestris,
Rosa spp. Lepidium meyenii, Mentha piperita,
Thymus vulgaris,
Elettaria cardamomum, Zingiber officinale,
Panax ginseng

Tynnodd y dwst â'i chlwtyn. Trodd bob un i wynebu'r tu blaen. Beth oedd iws pob potel, myfyriodd. Roedd yma stôr o boteli, pob un yn dwyn rhyw swyn. Ysai am gael dysgu. Ysai am gael cofio. Dyna ddywedodd Ceridwen wrthi. Roedd hi'n rhyfedd. Roedd Ceridwen yn sicr ei bod yn rhannu'r un anian â hi. Roedd Ceridwen yn sicr ei bod wedi dod ati yn fwriadol. Dywedodd wrthi ganwaith nad ar ddamwain y daeth yma ati. Methai ddeall hynny. Dim ond chwerthin wnaeth Ceridwen ac edrych arni'n gall. Yn rhy gall o lawer.

Cwmin du
Olew amaranth

Prin i Awen fedru darllen y geiriau, heb sôn am wybod eu hystyr.

Gallai glywed Taliesin yn y gegin fach yn paratoi te iddo'i hun. Gwyliodd e'n codi llwyaid bren fach o'r dail sych i'r tebot pridd. Arllwysodd y dŵr yn ferw o'r tegil ger y stof. Ailosododd y clawr arno i fwrw'i ffrwyth. Gwyliodd. O'r fan hon yn y cwtsh dan stâr gallai syllu arno, heb iddo ei gweld. Sylwodd ar big y tebot a'r rhuban o stêm yn codi oddi wrtho. Roedd rhyw gysur od mewn sŵn gwneud te hen ffasiwn. Hen sŵn o'r oes o'r blaen. Sŵn heb hast. Sŵn pwyllo. Dwlodd ar y sŵn. Roedd ei wallt yn rhy hir. Dyna ddywedodd Ceridwen. Byddai'n rhaid iddi roi siswrn iddo. Sylwodd ar ei goesau main yn ei siorts bob dydd. Sylwodd ar ei siwmper wlân yn dyllau i gyd. Un hosan o bob pâr. Roedd e'n dawel wrth aros. Ailosododd y tun te yn ôl i'w le ar y silff bren. Dymunai ei glywed yn canu eto. Canu wnâi e bob tro. Chwibanu neu ganu. Roedd Awen yn dwli ar ei lais. Gwenodd wrth gofio amdano'n swagro dawnsio gyda hi'r noson honno ger y tân. Rhyw dwyllo, tynnu arni a hithau'n teimlo'n saff yn ei gwmni. Pe bai wedi cael brawd, un fel Taliesin fyddai hwnnw.

Cofiodd am eiliad am Abel. Roedd yntau fel brawd hefyd. Ond fiw iddi feddwl am hwnnw nawr. Roedd ganddi waith i'w wneud. Rhaid oedd cadw'r poteli yn daclus a symud yr hen rai i'r blaen i wneud lle ar gyfer stôr eleni.

'Be sy mla'n 'da ti?'

Yn pwyso ar ffrâm y drws roedd Taliesin. Ei wallt yn ffrâm am ei wyneb. Llamodd ei chalon.

'O! Ges i ofan. Wy'n helpu dy fam i gadw trefn ar bethe fan hyn.'

Gwenodd, fel pe bai am ddweud wrthi am ofalu peidio cymysgu dim, neu fyddai'r hen wraig ddim yn hir cyn rhoi pryd o dafod iddi.

'Dere i gael te. Drycha arnot ti. Ti'n ddwst o un pen i'r llall.' Aeth hithau'n ôl i gynhesrwydd y gegin fach. Gwenodd eto wrth dynnu gwe cor oddi ar ei hysgwydd. 'O'n i'n meddwl mai mynd i dynnu dwst o't ti. Ti'n *covered*. Beth wedith Mam, gwed, a hithe mor *house proud!*' cellweiriodd.

Gallai Awen deimlo ei dynerwch fel dwst ysgafn amdani. Gallai ei lyncu bron. Mân ddwst yn hedfan mewn pelydryn haul.

'Ti'n meddwl wneith e weithio? Ti'n meddwl fyddan nhw'n gallu trêso pethe'n ôl i ni fan hyn?'

Dim ond gwenu wnaeth e. Gwên un oedd wedi arfer cerdded rhwng y bydoedd.

'Wy'n bach o fardd yn y pethe 'ma, cred ti fi. Fi a Julian Assange – ni fel 'na!' meddai wrth wenu eto.

Wyddai Awen ddim am Julian Assange, ond gadawodd i hyder Taliesin ei chario fel sbecyn bach o ddwst yn llygad yr haul.

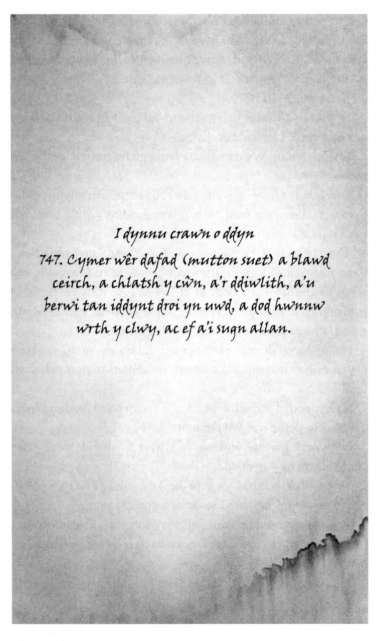

I dynnu crawn o ddyn

747. Cymer wêr dafad (mutton suet) a blawd ceirch, a chlatsh y cŵn, a'r ddiwlith, a'u berwi tan iddynt droi yn uwd, a dod hwnnw wrth y clwy, ac ef a'i sugn allan.

CYWILYDD

R OEDD GWAR DOCTOR Edwards yn chwys diferu. Roedd ei galon yn nhwll ei wddw a'i ddwylo'n crynu. Taniodd y car – roedd yn rhaid iddo ddianc. Methai ddeall. Roedd rhyw dwymyn dros ei gorff i gyd. Methai hyd yn oed feddwl. Gyrrodd o amgylch y dre. Sut ddiawl oedd e am esbonio hyn? Gorweddai'r corff ar y sedd gefn. Allai'r doctor ddim goddef edrych arni. Taflodd ei got dros ben y corff, er mwyn peidio gorfod edrych ar ei hwyneb yn nrych y gyrrwr. Beth oedd e am ei wneud? O, Moses! Allai byth fynd â hi i'r ysbyty, byddai hynny'n siŵr o godi amheuaeth. Gallai fynd â hi'n ôl i'w gwely – cau'r drws a cherdded mas? Esgus nad oedd e wedi bod ar gyfyl y lle. Ie, dyna wnâi. Gwyddai fod camerâu ym mhob man a bod ôl ei fysedd dros y tŷ. Gallai ffonio'r heddlu ac esbonio popeth fel ag yr oedd. Cael Greg, neu un o'r lleill, i esbonio mai trawiad neu hunanladdiad oedd y cwbwl. Na, rhaid oedd iddo gallio a meddwl yn rhesymol. Roedd ei feddwl dros y lle i gyd.

'Callia, Eifion bach. Dim ond corff yw e. C'mon, un corff. Corff hen fenyw. Hen gaib o fenyw fydde 'di dy weld di'n crogi ganwaith pe baet ti heb gadw dy ran di o'r ddêl. Cadw'n dawel. Dere, meddylia. Beth fydde ore? Beth fydde'n iawn?'

Cofiodd am y nosweithiau hwyr, a'r boreau bach, pan fyddai'r alwad yn dod iddo 'wneud ei ran'. Cofiodd godi o'i wely a mynd fel ci bach ufudd i 'rannu yn y profiad', un achos llys ar ôl y llall, un plentyn ar ôl y llall. Doedd e ddim yn foi drwg. Doedd e ddim yn ddieuog chwaith, ond digwydd bod yn y man anghywir ar yr adeg anghywir a chael ei flacmelo gan y bastards byth ers hynny. Roedd e'n ddwy ar hugain, a'r crwt, wel, yn ddyn ifanc pymtheg oed. Roedd e'n edrych yn hŷn. Maen nhw wastad yn edrych yn hŷn. Dywedodd ei fod yn ddeunaw. Gwyddai bellach mai trap oedd y cyfan. Roedd e'n rhan o'r cynllwyn ac yntau'n ddoctor llawn addewid, un handi i'w gael ar y tîm, ys dywedodd y Chief Inspector. Ac o hynny... i hyn. Cywilyddiodd. Doedd e ddim fel y lleill, wir i chi. Gallai adrodd sawl stori, ond byddai gwneud hynny yn farwolaeth sicr iddo. Marwolaeth araf a chyhoeddus. Allai byth wadu ei ran. Roedd e yno. O Dduw bach, beth wnâi?

Taniodd yr injan, ac wrth rasio drwy strydoedd gwag y dref, teimlai Eifion fel crio. Sut ddiawl ddaeth pethau i hyn? Oedd, roedd yr yfed a'r partïon a'r cyfleoedd i ddringo'r ysgol yn fendith. Pwy ddiawl fyddai'n ddigon twp i wrthod hynny? Tŷ. Car. Statws. Ac o gymysgu yn y cylchoedd iawn roedd yn sicr, rywsut, mewn ffordd fach od, ei fod yntau'n gwneud ei ran i wella cymdeithas. I helpu'r rhai hynny oedd yn methu helpu eu hunain. Trodd Eifion i stryd dawel. Edrychodd ar y cloc, roedd hi'n tynnu am wyth. Annhebygol y gwelai neb heblaw am ambell feddwyn. Ailosododd ei ben yn ei ddwylo. Roedd ei fyd yn dod i ben. Gallai deimlo'r cyfan yn twmblo o gylch ei draed. Pob blwyddyn o astudio, pob clod a bri, pob modfedd o'r ddelwedd y bu mor gynddeiriog i'w chreu a'i hamddiffyn.

Trodd i weld y corff yn gorwedd yn hamddenol ar y sedd gefn. Byddai'n rhaid iddo gael gwared arno. Cododd ei ffôn. Rhaid bod rhywun y gallai ei alw. Byddai'n rhaid iddo gael ei stori'n iawn. Allai ddweud dim am ei chwistrellu. Jyst dweud ei fod ar y ffordd i'r ysbyty pan fu farw yn y cefn. Lledodd yr amheuon. Byddai doctor call wedi galw am ambiwlans. Byddai ef ei hun wedi gwneud hynny, fel arfer. Beth ddiawl oedd yn bod arno? Roedd ei synnwyr cyffredin wedi ei gymysgu i gyd. Ond roedd yr hen ofn o fynd yn erbyn rhywun fel y Chief wedi ei droi'n gachgi unwaith eto. Alergedd o ryw fath? Gwenwyn? Trodd i'w hwynebu, tynnodd y flanced oddi amdani. Surodd wrth edrych arni. Gwenwyn? O, mowredd, byddai rhywun yn siŵr o feddwl mai fe a'i gwenwynodd. Bydden nhw'n siŵr o'i amau. Roedd ganddo reswm dros ei gwenwyno ganwaith. Gallai gael gafael ar wenwyn yn ddigon rhwydd. O, mam fach. Pam nad arhosodd yn ei wely? Pam ddiawl roedd hyn yn digwydd iddo fe?

'*Bad karma,*' gallai glywed llais ei bartner. 'Blydi *bad karma.*' Byddai ei yrfa ar ben. Cael ei ddal gyda chorff wedi ei wenwyno a hwnnw'n gorff o bwys. Bydden nhw'n sicr o roi ei wyneb yn y ffrâm.

Na, yr alwad. Fyddai neb yn ffonio ei lofrudd ei hun. Cywir. Roedd e wedi gorfeddwl. Oedd, roedd e wedi mynd dros ben llestri... 'Callia, Eifion bach. Callia. *Think it through, think it bloody through.*'

Teimlodd yr hen gasineb yn rhedeg eto drwy ei wythiennau. Roedd hi'n haeddu marw. Hen ast frwnt. Ac eto, wrth edrych arni'n llonydd yn y cefn, a'r holl gryfder a'r diawlineb wedi melynu, teimlodd biti drosti. Edrychodd ar ffenestri cwsg y stryd gefn. Rhaid ei fod wedi colli arno'i hunan yn gyfan gwbwl. Doedd dim sôn am neb. Drysau garej, biniau sbwriel – i beth ddiawl symudodd e'r corff? 'Mowredd, Eifion, ti wedi neud hi nawr! Cachfa. Rial blydi cachfa!'

O gornel ei lygad gwelodd y gath eto. Cath â llygaid gwyrdd. Cododd y gath ei phawen a syllu'n bryfoclyd ar y car. Fe'i mesmereiddiwyd. Rhaid mai cath arall oedd hi. Gwyliodd hi am rai munudau yn cerdded yn bwyllog ar hyd y pafin cyn dod i stop y tu fas i'w gar. Ailgydiodd yn y llio pwyllog, tawel, ei dwy lygad yn herio, cwestiynu. Bron y gallai ddweud ei bod yn ddynol. Aeth Eifion i'r cwtsh dal annibendod. Rhaid bod potel o rywbeth fan honno. Diawlodd, doedd dim.

Gwylltiodd. Beth ddiawl oedd e i'w wneud? Agorodd y drws yn barod i sgathru'r gath â'i llygaid beirniadol.

'Go on, cer... ffac off... cer o dan draed!'

Symudodd hi ddim. Aeth amdani yn barod i'w chicio, ond wrth i'w esgid gyrraedd ei phawen, clywodd lais.

'Eifion?'

Trodd, ei ddwy lygad fel dwy ogof. Pwy ddiawl oedd hwn yr adeg yma o'r bore?

'Eifs, myn. Be ddiawl ti'n neud mas amser hyn o'r bore?' Carthodd Doctor Edwards ei wddw. Ceisiodd ymddangos yn hollol ddieuog. 'O'n i ddim yn meddwl bod ti'n foi boreol. Beth sy mla'n 'da ti, gwed? Cwmni 'da ti?'

Saethodd llygaid Eifion i sedd ôl y car wrth i'w ffrind fynd i fusnesa.

'Ha, mas yn gweld *patient*,' meddai yn sydyn. Teimlodd ei goler yn cau yn dynnach amdano.

'Diawch, feri gwd. Popeth yn iawn? Amser am baned? Mynd i baratoi bach o gig erbyn fory. Dim ond fi sydd yn y siop ar y funud. Ffwdan ca'l staff. Ffaelu deall pam, cofia, a finne'n gystel *employer*. Sosejys, byrgyrs, cebábs? Diawch, dere mewn, dere mewn i ti ga'l gweld y *set-up*... sdim ofan bach o gig arnot ti, o's e?'

'Na, na. Gwranda, diolch i ti, ond wel, dyw'r claf ddim yn dda...' Trodd y Cigydd i edrych yn y car. Gallai weld y corff yn syllu'n ddall.

'Mowredd dad! Ti'n gweud wrtha i... Ffacin el. Odw i'n

nabod hi? Ffacin el!' bloeddiodd cyn sibrwd mewn sioc, 'Y ffacin Chief yw honna.'

'Ie, ti'n iawn, y Chief yw honna. Trawiad, wy'n credu. Ar y ffordd i'r ysbyty o'n i nawr ac fe farwodd. Gorfod i fi dynnu mewn fan hyn... y munudau ola... Trial ei hadfywio ond dim, dim yn gweithio. Wedi ca'l bach o ofn i weud y gwir. Ffaelu meddwl yn strêt. Dries i bopeth. Ffaelu deall y peth. Ddyle hi fod wedi mynd ei hunan yn gynt. Wy ddim yn deall y peth... ddim yn deall o gwbwl.'

'Wel ffacin hel, Doc. Dere mewn â hi o'r car. Allwn ni ddim â'i gadael hi mas fan hyn i sythu. Dere, garia i ei choese a... dere.'

Rhwng y ddau cariwyd y corff i ddrws cefn siop y cigydd.

Gwyliodd Ceridwen y cyfan drwy ei llygaid cath. Roedd ei chynllwyn bach yn gweithio'n rhyfeddol.

Wrth straffaglu llwyddwyd i'w gosod ar y cownter cig.

'Ma'n ddrwg 'da fi, wy ffaelu meddwl yn strêt. Wy ddim moyn mynd i drwbwl. Wir i ti, fe dries i 'ngore a nawr wy 'di neud pethe'n waeth. Ddylen i fod wedi ffonio am help a nawr mae 'di marw.'

Arllwysodd y Cigydd lond mŵg o whisgi cryf i'r ddau ohonyn nhw. Dyn ymarferol oedd e. Roedd yn amlwg bod y doctor wedi cynhyrfu. Bach o bais fuodd e erioed ond doedd y Cigydd ddim yn un i'w farnu'n gyhoeddus.

'Rhyfedd,' meddai yn y diwedd. Trodd y doctor i edrych arno.

'Be sy'n rhyfedd?'

'O, rhyw stori ryfedd glywes i flynyddoedd yn ôl,' meddai'r Cigydd wrth deimlo'r whisgi'n llosgi ei ffordd i lawr ei dagell dew.

'Pa stori?'

'Dim.' Galwodd ar ei ginio.

'Do'dd hi ddim yn fodlon i fi fynd â hi i'r ysbyty. Mynnodd bo' fi'n mynd 'nôl â hi i'r tŷ a'i thrin hi fan'na. Ond do'dd dim sicrwydd 'da fi beth yn gwmws o'n i'n trin. Gallai fod yn unrhyw beth!' Gwylltiodd y doctor. Tasgodd y geiriau o'i geg tan i'r sain droi'n *falsetto* bron.

'Dynnest ti ei dillad hi?'

'Dries i dynnu'r gwres wrth olchi ei hwyneb hi. Wy *yn* gwbod beth wy'n neud. Wy *yn* ddoctor.' Rhuthrodd eto i gyfiawnhau ei gamau.

'Wrth gwrs, wy'n ame dim. Jyst meddwl o'n i... am y stori,' meddai'r Cigydd. 'Bydde hynny'n esbonio pam nad o'dd hi moyn mynd i'r ysbyty.'

'Sut? Hmm?'

'Ro'dd hi'n gwbod dy gyfrinache di. Ac ro'dd hi siŵr o fod yn gobeithio byddet ti'n gallu cadw ei chyfrinach fach hi.'

Syllodd y doctor yn fud arno. Camodd y Cigydd yn nes at y corff. Ymestynnodd am y flanced a'i symud o'r neilltu. Rhaid bod rhywbeth ganddi i'w guddio, meddyliodd. Heb feddwl ddwy waith cydiodd yn ei sgert. Roedd y stori fach yn wir bob gair. Yn wir bob gair. Rhyfeddodd y doctor. Allai ddim credu'r peth. Pam fyddai'r Chief yn ffwdanu cuddio'r fath gyfrinach?

'Mae'n rhan o'r agenda, yn dyw e? Ti'n gwbod... cymysgu'r rhywiau. Ffacin el, bachan, paid bod mor ddiniwed. Hwn yn hon a hon yn hwn. Ma lot wrthi! Edrych ar yr *Adam's apple*.'

'Ffacin el! Be ddiawl ni'n mynd i neud â hi... fe? Be ddiawl ni'n mynd i neud?'

'Dim byd i neud â fi, Doc. Jyst digwydd bod yn y man rong ar yr amser rong o'n i.'

'O c'mon, plis. Plis, wy'n begian! Alla i ddim neud hyn ar ben fy hunan.'

'Hei, sori, Doc, dod 'ma i neud bach o sosejys wnes i. Ca'l llonydd wrth wenwn y fenyw 'co gatre.' Aeth i hogi ei gyllell orau, cyn oedi'n ddiniwed a dweud, 'Weda i wrthot ti beth... wy'n ca'l ffwdan yn ddiweddar i... ti'n gwbod, lawr fan'na. Poenau, prostet falle... Sdim munud 'da ti i tsieco? Bach yn delicet, ti'n gwbod. Sai moyn i ryw *lady doctor* ga'l pip, os nag oes raid.'

Bu bron i Eifion grio. Allai ddim goddef ddim mwy. Roedd y diwrnod wedi mynd o ddrwg i waeth ac roedd yma mewn siop gigydd oer, gyda chorff marw a chigydd oedd yn meddwl bod dim byd gwell ganddo i'w wneud nag edrych ar broblem prostet.

'Fe helpest ti fi i gario ddi mewn 'ma. Ti'n *accomplice*, alli di ddim gwadu hynny. Panico wnes i, ond pwy sydd i weud bod ti ddim wedi... ym... plano hyn, e?'

'Plano? Ha, pwy ti'n meddwl ydw i, Sweeney Todd?' chwarddodd. 'Ti off dy ben! Dim ond goffer bach ydw i iddyn Nhw. Pam fydden i moyn lladd un ohonyn Nhw? E? Gwed?'

'Fe helpest ti fi i'w chario hi mewn 'ma. Rwyt ti'n rhan o'r peth.'

'Ti moyn i fi neud beth, gwed? Ca'l gwared arni'n dawel bach? Wyt ti wir moyn hynny?'

Gwisgodd y Cigydd ei ffedog ac yfed dracht olaf ei gwpan whisgi. Cododd un o gyllyll mwyaf ffyrnig ei gasgliad. Nid dyn i'w gornelu oedd e. Daeth â'i drwyn yn agos at drwyn y doctor. Teimlodd hwnnw'r hen chwys ar gefn ei wddw'n pigo. Llyncodd ei anadl.

'Am bris, Doc bach, mae popeth yn bosib am bris. Faint wyt ti'n cynnig?'

'Na, wy ddim yn cynnig. Dwi ddim yn gwbod, alla i ddim meddwl. Wy ddim 'di neud dim byd yn rong.'

'Wel, be ti'n poeni amdano 'de? Hy?'

'Wel, mae'n edrych fel petai rhywbeth 'da fi i gwato, a mwya'n byd wy'n trial datrys y broblem, mwya'n byd wy'n edrych yn euog. A tithe'n mynnu edrych i weld beth oedd beth. I beth, gwed? Hy? I beth?'

'*Insurance.*'

'Rhag beth?'

'Ma 'da ni i gyd rywbeth i gwato.'

Cosodd y doctor ei dalcen. Roedd e'n chwys diferu. Syllodd yn fud ar ei fywyd yn datod. Roedd ar fin colli'r cwbwl. Allai byth esbonio hyn wrth neb. Neb o'r Cylch, neb y tu fas i'r Cylch. Yn y pellter rhywle clywodd lais y Cigydd. Llais pwyllog. Llais un oedd wedi arfer â marwolaeth.

'Yf y whisgi a cer â hi mas o 'ma. Gyrra hi ddigon pell o fan hyn a cha dy ben, os ti'n gwbod be sy ore i ti. Sai 'di gweld dim, dim byd o gwbwl, ond os fentri di weud yn wahanol, cofia di bod y dwrn 'ma 'di helpu sawl un i anghofio beth welodd e.'

Wrth i'r doctor ail-lwytho'r corff i gefn ei gar, trodd y Cigydd at y ffôn. Gosododd ei ddwrn amdano a gadawodd iddo ganu. Roedd rhywbeth hen ffasiwn mewn ffôn mewn swyddfa. Ben arall y lein roedd rhywun arall mewn swyddfa oer, swyddfa damp, yn aros am ei alwad.

 CYMYSGU

LLEDODD GWÊN DDRYGIONUS dros wefusau'r hen wraig. Roedd wrth ei bodd yn cymysgu'r pair. Cododd ambell ddeilen o'r gwaelod. Arllwysodd y cynnwys i fasyn pridd a'i adael i oeri. Roedd berwi asgwrn a'i droi yn gawl yn llesol i'r ymysgaroedd. Byddai wrth ei bodd yn arogli'r cynhwysion yn ffrwtian ar y stof. Agorodd ddrws y ffrynt. Gwelodd ei bod yn bwrw glaw o hyd. Diawlodd am nad oedd wedi cofio tynnu'r dillad i mewn mewn pryd. Syllodd arnyn nhw yn hongian ar y lein – ei dillad hi, dillad Awen a dillad Taliesin. O'r fan hon gallai weld y clos yn dawnsio. Pob diferyn o law yn falerina fach mewn ffrog wlith.

Anadlodd y gwlybaniaeth i'w hysgyfaint. Blasodd arogl pridd cynnes. Yn llygad ei meddwl gwelodd fod un dihiryn heb fentro ymhell o'i swyddfa ers peth amser. Rhaid ei fod yntau wedi teimlo'r newid yn y gwynt hefyd. Gwenodd Ceridwen. Annhebygol iawn oedd hynny. Dyn swyddfa oedd dyn swyddfa. Câi ddigon o waith i ddefnyddio'i bum synnwyr. Doedd iws iddo feddwl am y chweched synnwyr.

Gwelodd y gwleidydd yn eistedd wrth ei ddesg – Dewi Jenkins, neu 'Sant' i'w gyfeillion. Roedd yn rhaid iddi gynllunio. Os storm, wel storm â tharanau. Myfyriodd. Pa gosb fyddai orau i ddyn cyhoeddus? Roedd yn rhaid iddi ddarganfod hynny. Doedd gadael iddo lithro'n dawel bach i'w fedd ddim yn ddigon, ac yntau wedi haeddu mwy. Diolchodd am ddoethineb Taliesin. Rhaid oedd iddo fod yn grefftus.

Chwynnu. Tynnu'n ofalus o'r gwraidd. Palu rhyw ychydig o amgylch y gwreiddyn, cyn ei godi'n un darn i'w losgi yn yr haul.

Gwyliodd Ceridwen y gwleidydd yng nghysur ei swyddfa. Ffliciai yntau drwy'r delweddau yn beiriannol. Pob un yn drosedd heb ei chosbi. Doedd fawr o awydd ganddo. Doedd ganddo ddim llawer o ddiddordeb. Cododd ac aeth am y tŷ bach. Tŷ bach cyhoeddus i swydd gyhoeddus, mewn adeilad crand cyhoeddus. Caeodd y drws a chlustfeinio am gwmni. Doedd dim ots, roedd pawb wrthi yn rhywle. Mesurodd y powdwr â'i lygad. Rowliodd ei bapur ugain punt a thynnodd y cyffur i'w drwyn. Sychodd ei wefus a snwffian. Arhosodd i'r paradwys bach dreiddio i'w system. Cododd sedd y toiled a gwenu wrth bisho dros yr ymyl. Pethau bach, meddyliodd. Gwnewch y pethau bychain. Rhedodd mwynhad drosto wrth feddwl am y ferch glanhau yn gorfod sychu ar ei ôl. Pwy ots? Doedd hi'n neb o bwys.

Dychwelodd i'w swyddfa. Ei enw mewn llythrennau bras ar y drws derw. Celfi newydd. Adeilad newydd. Dechrau newydd. Ffenest siop, ys dywedir, neu long ryfel y genedl ac yntau'n gapten heb ei ail. Chwarddodd Ceridwen am ei ben. Roedd yn gas ganddi wleidyddion. Pypedau bach pathetig, meddyliodd.

Roedd y ffôn ar ei ddesg erbyn hyn. Syllodd ar y lluniau. Edrychodd ar ei gyfrifiadur, a hwnnw hefyd yn llawn lluniau. Chwilio am rywbeth bach gwahanol. Rhywbeth bach newydd i dorri syched. Rhywbeth bach prin fel un llygad werdd ac un llygad las. Ond doedd dim sôn am honno o hyd. Aeth mor bell â ffonio'r Cartref... ond cam gwag oedd hynny. Ffonio ffrind. Ffrind bach pwysig, mewn swydd fach bwysig. Roedd e'n deyrngar iawn iddo, chwarae teg. Fyddai ddim yn y swydd oni bai am hynny! Roedd yn rhaid iddo gael gafael ynddi. Doedd dim brys. Roedd popeth yn dod i glawr yn y diwedd. Popeth. I fod yn 'ddyn da' roedd yna bris i'w dalu, gwyddai Ceridwen hynny. Hen bris nad yw byth yn cael ei dalu'n llawn. Byddai rhai yn 'mwynhau' profiad, eraill yn ei wneud o ddyletswydd er mwyn prynu llonyddwch am gyfnod ac felly byddai'r cylch yn cau. Yn cau am eu gyddfau, yn dynn, dynnach, tan fod dim ar ôl ond cydymffurfio. Does neb am golli wyneb, boed yn wleidydd neu'n farnwr neu'n actor.

Dim ond actio fyddwn ni i gyd, rhesymodd. Ambell un yn ddyn da. Ambell un yn ddyn gwell. Chwarae rôl. Perfformio mewn pasiant er mwyn i'r enaid gael profi'r eithafion gwaethaf. Dim ond act fach gymhleth cyn diflannu i'r stafell aros i ddadansoddi'r cwbwl. A dyna chi, rydych wedi eich geni unwaith eto i gorff arall. I lwyfan arall, i fyw unwaith eto. Byw, marw, byw. Dyw'r enaid byth yn marw. Dyw sbarc y creawdwr byth yn diffodd, dim ond yn newid ei wedd a newid ei liw. Er mwyn esblygu. Ac os buoch chi mor anffodus â phechu'r tro diwethaf, wel, mae gyda chi drwy'ch oes i wneud iawn am y cwbwl y tro hwn.

Chwarddodd y gwleidydd iddo'i hun. Roedd rhai'n mynd am wallt. Gwallt melyn a llygaid glas. Eraill yn hapusach gyda gwallt coch. Roedd yr oed hefyd yn allweddol wrth gwrs. Ond llygaid oedd ei beth bach yntau. Y llygaid – yr allwedd i'r enaid. Ac roedd dod mor agos at gael eich dal, ac yna… ho, dianc, yn gwneud y profiad hyd yn oed yn fwy gwerthfawr, yn doedd? Ac o, am gael perthyn! Peth braf oedd hynny. Perthyn i'r Cylch mawr cyfrin. Feiddiai'r un dyn byw eich cyffwrdd. Ond gallai ef gyffwrdd ym mhwy bynnag a lle bynnag y dymunai.

Dymunai Ceridwen grafu'r wên oddi ar ei wyneb. Cofiodd am gryndod Awen. Cofiodd am artaith y gweddill, y cenedlaethau o blant. Roedd yn amser i'r gors gael ei chlirio. Gallai ddechrau arni. Fe ddôi rhagor i helpu. Roedd y Crëwr wedi addo hynny.

Syllodd arno drwy lygad ei meddwl. Ei wyneb cyhoeddus ynghudd mewn ffair o ddelweddau anweddus. Gallai ei felltithio a'i ddanfon i'w wely'n sâl. Ond i beth? Roedd yn rhaid iddi dalu'r pwyth yn ôl am yr holl ddiawlineb. Byddai angen nerth arni i hynny. Nid ar chwarae bach roedd llwyddo. Syllodd ar ddiferynion y glaw ar garreg y drws. Dadebrodd. Synhwyrodd yr awel wlyb yn denu drwy'r drws. Thalai hi ddim i oedi.

Trodd wedyn yn ôl at Awen. Gwelodd ddarlun ohoni, ei henaid yn fil o ddarnau mân fel gwely afon wedi sychu. Rhaid bod ei chorff wedi dweud wrthi ganwaith am ddianc. Doedd ei henaid ddim yn saff yn ei chorff. Syllodd Ceridwen ar y darnau enaid. Rhaid oedd eu cael yn ôl at ei gilydd. Rhaid oedd eu clymu yn un. Un fyddai'n ddigon cryf i'w chario drwy'r storm. Gwelodd wely afon yn sych ac yn grin. Doedd dim yn tyfu yno. Byddai'n rhaid iddi annog y glaw i ddod yn storm, yn llifogydd. Gwnaeth hynny. Tynnodd y llif i wely'r afon. Tynnodd y borfa yn ôl i'r lan. Anogodd ef i lifo tan bod ei henaid claf yn ffrwd unwaith eto. Ar lan yr afon bellach roedd bywyd. Oedd, roedd bywyd unwaith eto a haul gobaith yn dechrau bwydo.

'Mam! MAM!'

Diawch erioed, meddyliodd hi, dyna oedd waethaf am gael cwmni yn y tŷ. Roedd rhywun byth a beunydd yn torri ar ei thraws. Deffrodd.

'He! Be ddiawl sy arnot ti, yn tarfu fel'na?'

'Meddwl mynd am dro o'n ni, Awen a fi. Meddwl byddai'n well i fi ddweud cyn i ni fynd, a chithe'n chwilio amdanon ni.'

'Chwilio? Chwilio? Jiw, cer o dan draed. Dim ond clapo'n llyged am ddeg munud. Cer biti dy fusnes, wir, i hen wraig ga'l llonydd i feddwl.'

Gwenodd Taliesin. Roedd yn adnabod ei fam yn iawn. Cododd got iddo'i hun ac Awen ac allan â nhw i gerdded yn y glaw.

Roedd ei gwaith am heddiw'n ddigon. Diolchodd yr hen wraig am ei rhodd. Roedd y Crëwr mawr yn bwerus. Roedd y Crëwr yn hael â'i rodd.

Eli i dorri brath neu glwyf,
wedi iddo gau ar ddrwg, ac i'w iacháu.

297. Drachefn â'r un eli, cymysga â chwyr
a rhwsin a sebon du, ychydig o ddail y
gwinwydd a'r henllydan. Pwna nhw ynghyd
a'u berwi ar y tân, a'u hidlo drwy liain a'u
rhoi mewn llestr i gadw. Rho drwch ohono ar
y clwyf ac iach y bydd.

*

I ladd y cancr

292. Cymer ddarn o galch brwd a phupur
du ac eurbibau (auripigmentum/Yellow
sulphate of Arsenic), finegr cryf, mêl, blawd
haidd, yr un faint o bob un, a berwa'r cwbwl
mewn potyn tan ei fod yn bowdwr. Berwa'r
cyfan eilwaith. Da yw'r powdwr hwn i
ddinistrio'r cancr a'r manwynion.

ANGLADD

'**A**M FENYW DDA.'

Roedd yr angladd dan ei sang. Y ceir yn llanw'r cwm, yr hewl wedi cau a'r dre i gyd yn galaru. Am fenyw dda. Safodd Ceridwen a'i chot ddu fel cot brân. Safodd gyda'r gweddill wrth ddrws y siop, a'r strydoedd i gyd yn rhesi o bobol ddethol yn talu teyrnged i fenyw dda. Cymylau o bobol mewn llwyd a du a gwynt pwysigion y gymdogaeth yn methu deall bod un o'r fath wedi'u gadael.

'Am drueni mawr! Ei gwenwyno gan ddoctor, cofiwch.'

'Hithe'n fenyw dda, yr holl waith elusennol.'

'Clod iddi.' Geiriau'r cynghorydd lleol, a'i dagell mochyn yn dynn dros ei grys gorau.

'Un oedd yn dweud ei dweud. Yn siarad o'r frest.' Y prifathro, neb llai.

'Na, doedd hi ddim yn boblogaidd gan bawb!' Chwerthiniad o'r gwddw gan un o fois y golff. 'Ond roedd hi'n fenyw a hanner. Ac wel, os oedd jobyn i'w wneud, hon oedd y fenyw ore i'r job!'

Ie, hon oedd y fenyw yn ddi-os!

'Wnewn ni ddim sôn pam nad o'dd hi 'di priodi. Ei swydd yn dod gynta, chwarae teg.'

Ond rhwng y brawddegau o glod roedd si fach gas yn tanseilio'r cyfan. Si fach. Sibrydiad. Amheuaeth.

Llifai sain yr organ drwy'r drws agored a'r canu'n atseinio dros y cwm. Chanodd Ceridwen yr un gair. Doedd canu clod i'r ast ddim yn dod yn rhwydd. Mileiniodd ei llygaid a sganio'r dyrfa. Rhaid ei fod yma yn rhywle. Roedd pobol 'dda' o hyd yn denu pobol 'dda' eraill.

Clywodd gyfarth ci rhwng yr emyn a'r weddi, ac i gyfeiliant hwnnw roedd y cymylau yn llanw'r awyr las. Trodd y rheini'n law trwm gan agor amdanynt. Angladd wlyb! Doedd dim byd gwell nag angladd wlyb, yn enwedig un heb gysgod. Gwlychodd y dyrfa hyd at eu crwyn. Safodd Ceridwen yn berffaith sych.

O fewn rhyw ddeg munud roedd Ceridwen wedi gweld digon. Dilynodd yr hewlydd cefn a dianc o grafangau'r dyrfa fel cysgod. Rhaid ei fod yno'n rhywle. Sylwodd ar hen bapur newydd yn blastar o luniau Dr Eifion. Druan ag e, meddyliodd Ceridwen. Druan ag e. Roedd carcharorion yn dwli ar ddoctoriaid bach glân. Doedd dim dianc i hwn. Gwnâi Ceridwen yn siŵr o hynny.

Aeth allan unwaith eto a chroesi'r hewl i swyddfa'r gwleidydd. Gwelodd ei gar du moethus yn eistedd yn y dreif. Cydiodd yn ei hallwedd a chrafu'r drws. Camerâu, meddech chi? Ha, doedd dim golwg o Ceridwen yn unman. Dim ond cysgod dwy esgid yn cerdded yn y pyllau dŵr.

Melltithiodd ei swyddfa. Melltithiodd ei gar ac wrth gerdded am yn ôl, pwy ddaeth i'r golwg ond y dyn ei hun, yn cerdded camau dyn pren. Ei wisg yn barchus ddu a'i wallt yn wlyb. Doedd yntau chwaith ddim yn disgwyl glaw. Gwyddai Ceridwen mai hwn oedd y tu ôl i'r helfa am Awen. Roedd dynion fel hwn wedi arfer cael eu ffordd. Syllodd arno o bellter diogel ei char. Gwelodd e'n plygu i ddiawlo'r sawl fuodd wrthi'n crafu ei gar. Trodd i edrych i bob cyfeiriad. Syllodd Ceridwen arno, ei chynddaredd yn poeri mellt. Roedd gas ganddi ddynion fel hwn.

Gwyddai am ddynion 'da' yr ardal. Gwyddai amdanyn nhw mewn sawl oes. Gwyddai gystal â neb am losgi neu foddi, hela hen wragedd am eu bod yn herio'u trefn. Herio eu celwyddau, a'u crefydd. Do, bu yma ganwaith yn aros ei thro i farw, fel hen wrach fach dda. Cael ei phardduo am helpu. Cael ei sarhau a'i rheibio, ei threisio. Gwyliodd ei chartref droeon yn llosgi a hithau'n gorfod codi ei phac ganol nos a dianc cyn i dyrfa'r dre ddod ar ei hôl. Un felly oedd Awen hefyd. Ond dod yn ei hôl wnâi hi ym mhob oes. Dod yn ei hôl i helpu.

Gwyddai Ceridwen am demtasiwn dial. Byddai wrth ei bodd yn talu'r pwyth yn ôl i'r diawled. Ac roedd yna ddiawled, o oedd, ym mhob cornel fach o'r gymdeithas. Dyna pam y ciliodd i'r mynydd. Allai hi mo'u stumogi, yn lledaenu eu cancr ar hyd y lle. Gwyliodd dyrfa'r angladd yn gwasgaru. Defaid, bob un ohonyn nhw. Pob un yn cadw'n dawel er mwyn cadw wyneb. Pobol ddiegwyddor, yn prynu eu llwyddiant wrth gadw'n dawel a brefu pan ddôi rhyw fugail newydd a'i fwced bwyd i sgathru o'u blaen. Doedd pobol heb newid ers canrifoedd. Pawb yn rhy ddi-asgwrn-cefn i godi oddi ar eu tinau a gwneud rhywbeth er gwell. Corddodd Ceridwen. Roedd yn rhaid iddi gael cyfiawnder. Gwyddai mai ei barnu wnaen nhw. Gwyddai nad oedd hi erioed wedi perthyn ac roedd bod ar y tu fas yn anodd. Cofiodd amdani yn blentyn ysgol, yn ferch ifanc, yn fam, a'u sarhad fel gwenwyn. Cofiodd sefyll ar ei phen ei hun, heb neb, neb yn gefn iddi. Erbyn hyn doedd dim ots ganddi. Doedd dim ots ganddi o gwbwl. Chwarddodd Ceridwen. Rhaid bod rhywbeth yn yr isymwybod o hyd yn atgoffa pobol i gadw draw oddi wrthi – rhag ofn.

Ei defnyddio. Ie, meddyliodd yr hen wraig, pan fydd popeth wedi mynd i'r pen dyna wnaen nhw. Dod min nos gyda rhyw gnoc fach ar y drws, y ferch wedi mynd i drwbwl, y gŵr yn ffaelu caru... Gallai Ceridwen eu henwi i gyd ac erbyn y bore fyddai'r un ohonyn nhw'n ddigon parod i'w chydnabod, hyd yn oed.

Rhwbiodd y gwleidydd y graith ar ochr ei gar. Gwenodd Ceridwen. Difarodd nad oedd wedi crafu rhagor. Pitïodd e, y ffŵl celwyddog. Cododd Ceridwen ei golwg i'r awyr. Roedd y cymylau'n ddu. Roedd storm ar y ffordd. O, oedd!

Fe âi hi am adre. Byddai Taliesin yn gwybod yn iawn sut oedd creu chwedl newydd o'r cythraul hwn.

Roedd hi'n hwyr y prynhawn. Gallai arogli'r nos yn cau amdano. Syllodd arno. Rhedodd casineb drwy ei chorff. Gallai ei chwalu. Gallai ei ferwi'n fyw... Ond na, pwyll pia hi. Rhaid oedd cynllunio. Rhaid oedd defnyddio'i chrefft i'r eithaf. Bu'n fyrbwyll droeon, a doedd dim lles yn hynny. Pwyll pia hi. Pythefnos i'r presennol. Rhoddai hynny ddigonedd o amser i bethau. Gallai ragweld yr olygfa yn llygad ei meddwl. Peth braf oedd ffawd, meddyliodd yr hen wraig. Dim ond estyn llaw i ffawd roedd hi.

Byddai'r gwleidydd yn gadael ei swyddfa am wyth. Wedi bod yn gweithio'n hwyr, wrth gwrs, yn llanw'r byd â chelwydd. Byddai'n mynd ar grwydr yn ei gar heibio'r Lodge, cyn galw yn ei hen gartref i geisio cael cip ar ei blant cyn iddyn nhw fynd i gysgu. Byddai'n aildanio'r car ac yn cynnu'r gwres gan ei bod yn oeri erbyn hyn, ac erbyn un ar ddeg yr hwyr byddai ei fywyd ar ben. Byddai un mochyn bach yn gwichian a byddai'r twlc yn draed moch.

Annhebygol, meddech chi? Wel, cawn weld, yn cawn, meddyliodd Ceridwen.

Rhag llosg ar gnawd dyn gan dân neu ddŵr

117. Cymer wreiddiau'r lili a'u golchi'n lân, a'u berwi'n glou mewn dŵr. Wedi hynny cymysga nhw'n dda â gwyn wy, a phederhamon (*petroleum ointment*) neu fenyn ffres dihalen, a dod wrth y dolur a gorau po fwya'r trwch arno.

Y SANT

'**R**Y'N NI'N PERTHYN i'r un gwaed. 13 o deuluoedd, 14 yn ôl rhai, ond mae gan bawb ei lwybr yn ôl i'r cread cyntaf. Yn blant i Cain, frawd Abel. Abel bach. Abel bach diwerth. Abel bach gwan. Yfwch o'i waed a bwytewch o'i glwyfau. Ha. Dim ond atgyfnerthu'r berthynas rhyngon ni. Dyna i gyd.

'Oes. Mae 'na blant dan ddaear. Credwch fi. Plant nad oes neb yn gwybod am eu bodolaeth. Bob blwyddyn mae yna filoedd o blant yn diflannu. I ble, meddech chi? Chwarae teg, does dim llawer yn holi erbyn hyn. Cenedlaethau o blant mewn dinasoedd dan ddaear. Twneli tywyll. A'u pwrpas? Wel, dychmygwch y gwaethaf a dwblwch e.

Fel dywedais i, ry'n ni'n perthyn.'

Roedd y Sant yn ei elfen wrth lanw'r stafell â'i arbenigedd. Sganiodd y stafell ar hyd y degau o ddynion dethol. Daeth i ddiwedd ei araith gyda chyfeiriad penodol at 'deyrngarwch' a 'gwerthoedd'.

Clywodd aelodau'r dorf yn atseinio eu clod. Gwyliodd ei hun yn brasgamu i'w canol, ei ysgwyddau yn gadarn. Byddai'n rhaid cael rhywun arall yn lle'r Chief Inspector. Dyrchafiad bach disymwth er mwyn cau'r cylch unwaith eto. Diawch, am noson dda. Cael ail-fyw'r noson yn nrych ei feddwl. Gallai flasu'r brwdfrydedd o hyd. Gallai bron â'i gnoi. Roedd yn arnofio ar ei fawredd ei hun. Camodd at ffenest ei swyddfa ac edrych allan ar y bae o'i flaen. Roedd hi'n nosi. Gwell oedd iddo yntau gasglu ei bethau a chamu i'r nos. Doedd iws mewn breuddwydio. Rhoddodd ganiad i'w gyfaill. Gwnâi, gwnâi'r peth bach y tro yn iawn am heno.

Protocol. Trefn. Mater o ddilyn y drefn. Doedd iws i neb herio na gofyn unrhyw gwestiynau. Dim ond dilyn y drefn ac fe fyddai'r drefn yn siŵr o ofalu ar ei ôl. Wrth ddod i'w gar teimlodd falchder yn golchi drosto. Roedd wedi ei gwneud hi. Un ddêl fach frwnt. Ond un ddêl fach dda. Anfonodd decst at ei ferch fach ei hun. Dymuno 'Nos da' a'i hannog i fynd i'r gwely ac i fod yn ferch dda i Mami. Gwasgodd fotwm i ddatgloi ei gar ac i mewn ag e i deimlo oerfel y lledr yn erbyn ei gorff. Lledr coch. Gwasgodd yr olwyn, a gwynto'r glendid.

Wrth iddo yrru drwy'r strydoedd, teimlodd y car yn llifo'n llyfn ar hyd yr hewl. Gallai deimlo'r ansawdd ym mhob pwythyn, ym mhob botwm. Bwriadai gyrraedd yno wedi i'r haul fynd i'w wely. Roedd Bledd yn hen ffrind. Deallai'r drefn yn iawn. Fyddai ddim yn hir. Rhyw joli fach ac adre i dawelwch ei fflat. Byddai'n braf cael amser am glonc. Rhoi'r byd yn ei le. Trafod hwn a'r llall. Mesur rhyw lwyddiant neu'i gilydd.

Ond roedd Ceridwen yn barod amdano. Bu yno yn aros. Bu hithau hefyd yn trefnu. Yn abwyd byw ar y bachyn.

'Bleddyn, fy hen ffrind. Shwt wyt ti?'

Gwenodd Bleddyn. Gallai wneud gwleidydd cystal ag e. Ho, y wên fach yna. Y llygaid fyddai'n tyngu ei fod yn dweud y gwir. Safodd y ddau ysgwydd wrth ysgwydd, yn mân siarad am bethau dibwys. Yr ymgyrch ddiweddaraf...

'O! 'Na ddigon o siarad siop. Ho! Dere i ni gael rhywbeth bach i ymlacio. Be ti'n weud?'

'Na, dim i fi, a finne'n dreifo. Gwell peidio.'

'Wrth gwrs, wrth gwrs... meddwl clir... Mae'n un fach bert. Un fach newydd. Un fach, ho, beth wedwn ni... addas?'

Trodd ymysgaroedd Ceridwen. Fflamiodd ei chynddaredd drwyddi. Gosododd ei hun ar ddiwyg merch fach. Merch fach ddiniwed, wedi ei gwisgo yn barod i'r 'parti'. Byddai'n rhaid iddi ei dwyllo. Roedd newid ei ffurf yn ail natur i Ceridwen. Gwyddai na fyddai gan Syr yr un amcan. Merch fach oedd merch fach. Dyna i gyd.

Roedd y gwleidydd, serch hynny, yn bwerus. Roedd y diafol yn ei groen. Ond gwyddai Ceridwen y gallai ei feistroli. Cafodd oes ar ôl oes i ddatblygu ei chrefft. Doedd hi ddim am golli heno. Llygad am lygad.

Cyrcydodd yng nghornel oer y seler. Arhosodd amdano. Roedd wedi astudio'r drefn yn barod. Gwyddai sut un oedd y Sant. Clywodd guriad oer eu traed yn agosáu at y drws. Yn llygad ei meddwl gwelodd hwy'n brolio, yn mwytho mawredd ei gilydd wrth ddisgyn i goridorau cul celloedd y plant drwg.

'Mae hi mewn fan hyn yn barod. Fe af i'n ôl i'r swyddfa. Bach o waith papur. Mae'n siŵr ei bod yn cysgu.' Chwarddodd Bleddyn wrth fwytho'r cyffur tawelu ym mhoced ei got fach. 'Wy'n gwbod, wy'n gwbod, jôc fach. Fydd hi ar ddihun ddigon i… Wel, rhyngot ti a dy bethe, yndyfe?'

Roedd rhywbeth braf i ddyn fel y Sant mewn dod i seler oer mewn cartref plant. Rhyw deimlad ych a fi. Rhyw gysur mewn cysgodion, rhyw wybod na ddôi neb ar ei draws. A phe bai raid dileu'r profiad yna byddai'r fan hon cystal ag un man. Roedd ffwdan mewn cartrefi crand. Roedd hi'n ffwdan i fynd i ryw westy cynnes. Ond yn y fan hon, roedd y lle yn gweddu i'w anian. Y tywyllwch. Yr oerfel. Y tamprwydd. Rhywbeth a'i tynnai'n ôl at ei wreiddiau.

Gorweddodd Ceridwen fel merch fach ar y gwely. Clywodd y drws trwm yn cael ei wthio ar agor. Cynnwyd y golau. Gwasgodd ei hun yn fach, fach i'w dillad merched mawr.

Teimlodd haearn ei chynddaredd. Byddai'n rhaid iddi bwyllo a chofio nad Ceridwen oedd hi bellach.

Eisteddodd y Sant yn dadol ar gornel y gwely. Mwythodd ei gwallt. Dofodd hithau ei llygaid. Rhyw gymysgedd o ddiniweidrwydd ac ofn. Oedd. Roedd e'n hoffi'r ofn.

'Beth yw dy enw di, lodes fach? E? Gwed? Hmm? Mae'n siŵr bod enw bach pert 'da ti?'

'Ceri. Ceri yw hon,' mentrodd Syr cyn gadael. 'Bastard bach arall. Licet ti… ti'n gwbod… y cameras mla'n neu bant? Hollol lan i ti. Pawb yn lico swfenîr bach ar ôl bod i lan y môr. Ho!'

'Ie. Ie, swfenîr bach fydd heno. Gwna dy ore.'

Wrth i olion traed Syr ddiflannu gwyddai Ceridwen yn iawn beth oedd ystyr swfenîr. Syllodd ar olion hen waed ar y wal. Gallai hi eu gweld. Gallai glywed lleisiau'r hen blant yn ei phen o hyd. Caeodd nhw allan. Rhaid oedd iddi ganolbwyntio. Roedd hwn yn gyfle rhy dda i'w gawlio.

Melltodd ei llygaid. Clywodd y drws yn cau. Trodd ei chorff yn ddoli glwt. Cododd yntau i folltio'r drws. Byddai'n rhaid iddi aros iddo ddadwisgo. Roedd wedi rhagweld y cyfan. Roedd yn rhaid i bethau weithio.

O gysur ei swyddfa fach, gwyliodd Bleddyn y sgrin. Roedd wrth ei fodd yn gwylio o'r ymylon. Nid dyn gwneud oedd e, ond dyn darparu. Sugnodd ei lolipop bach coch a diawlo nad oedd wedi buddsoddi mewn gwell camera. Roedd y golau yn glinigol, ac anodd oedd cael yr *ambience* iawn. I ddyn creadigol fel yntau byddai wedi bod yn well cael mwy o wrthgyferbyniad rhwng y goleuni a'r tywyllwch. Rhwng y cysgodion a'r cyrff. O'r fan hon edrychent bron yn garreg. Dyna oedd y gwendid o gael camera o un cyfeiriad hefyd. Byddai'n dipyn gwell cael camera drutach, dau efallai, neu bedwar. Un ym mhob cornel. Byddai wedyn yn gallu datblygu gwaith mwy… hmmm…

beth oedd y gair? Artistig? Ie, artistig. Diawlodd. Roedd wedi anghofio recordio'r ddeialog agoriadol. Deialog fud oedd hi wrth gwrs. Doedd iws iddo droi'r sain ar ei gyfrifiadur, neu fyddai Hilary fach yn siŵr o fusnesa. Yr hen gnawes fach ddrwg. Un felly fuodd Hilary ers iddi ddod yma'n blentyn ei hun. Gwyddai y gallai ddewis rhywun arall, ond creadur â'i arferion oedd e. Roedd Hilary yn gwybod yn iawn sut oedd gwneud ac roedd e'n siŵr ei bod hi'n ei garu. Ie. Caru. Ymfalchïai yntau yn hynny.

Roedd Hilary yn ei garu, gwyddai hynny. Iddi hi roedd e'n Tom Cruise, neu'n rhyw achubwr o fri. Llwyddodd i'w chodi yn uwch ei statws na'r plant eraill. A nawr, a hithau dros ei phen a'i chlustiau mewn cariad ag e, teimlai ei bod wedi gwneud iawn am ei phechod. Babi. Ie, babi. A ble mae'r babi, meddech chi?...

Mae'r pethau hyn yn digwydd, wrth gwrs. Rhaid oedd ei eni yn gynnar. Seremoni fach. Dyna i gyd. Doedd e ddim yn fabi mewn gwirionedd. Dim ond peth bach coch. Ai fe oedd y tad? Wel, allai ddim bod yn siŵr. Roedd Hilary yn 'mwynhau' cwmni dynion, wrth gwrs. Ac eto, weithiau, wrth edrych i fyw ei llygaid ambell bnawn, gallai deimlo ei dolur. Na! Jiw jiw, beth oedd arno'n meddwl y fath bethau? Dim ond un o'r bastards bach lwcus oedd hi. Dyna oedd ei phwrpas. Rhaid oedd iddo galedu a chofio mai Syr oedd e. Ie, Syr, a doedd hithau yn ddim ond morwyn fach ers lawer dydd.

Twriodd ym mhoced ei drowser. Chwilio am yr allwedd fach. Byddai'n werth iddo argraffu rhai siotiau agoriadol rhag i bethau fynd yn salw. Ffocysodd y camera ar wynebau'r ddau yn y seler. Llun bach du a gwyn. A, un da! Cymerodd ei amser i fireinio'r llun cyn gwasgu botwm y cyfrifiadur i'w argraffu. Twriodd eilwaith am yr allwedd. Rhaid ei fod wedi anghofio ei gosod yn ei boced. Na, roedd hynny'n annhebygol. Cyrcydodd, a sgubo'i law dros y carped. Tynnodd ei fysedd ar hyd ymyl y ddesg. Cododd fotwm. Cododd glip papur. Doedd dim sôn am yr allwedd.

Yn y seler laith gwyddai Ceridwen fod yn rhaid iddi ei lorio a'i ladd. Gorweddodd, gan adael i sŵn ei chrio tawel swyno'r Sant. Gwyddai'n iawn beth oedd trais. Dysgodd y wers honno ganwaith mewn un oes neu'i gilydd. Roedd heno'n ddiwrnod i ddial. I dalu'r pwyth... Cododd Ceridwen ar ei chwrcwd. Synnodd y Sant ar hynny. Ai chwarae roedd hi? Pryfocio? Un dda. Efallai y byddai'n werth ei chadw os hynny. Ond nid hynny ddaeth ag e yma. Roedd rhyw foddhad mewn gweld dioddefaint. Rhyw bŵer o sugno'r boen i fwydo ei fawredd ei hun. Roedd y diafol moyn ei siâr.

Yn sydyn cydiodd y Sant yng ngwddw'r groten fach a'i wasgu'n araf bach. Lledodd gwên ar draws ei wyneb. Gwên wag. Llithrodd ei law arall ar hyd ei chorff ac wrth iddo gyrraedd gwaelod ei sgert, rhyddhaodd Ceridwen sgrech iasol a'i barlysu am eiliad. Trodd ei hewinedd yn grafangau eryr. Rhwygodd un o'i lygaid. Disgynnodd y Sant yn swp ar lawr. Methai ddeall. Rhwng dagrau ei waed ei hun credai iddo weld... na, merch fach oedd hi o hyd. Tynnodd Ceridwen ei chrafangau yn ôl. Pryfociodd ef. Cododd yntau. Roedd e'n dwli ar bach o ffeit.

'Wyt ti'n ddrwg? Wyt ti?' sibrydodd. Ond roedd Ceridwen yn barod amdano.

Syllodd i fyw ei lygaid. Fflachiodd emrallt drwyddyn nhw.

Cydiodd yntau yn ei garddyrnau. Gwasgodd nhw. Meistrolodd hi. Gallai ei lladd mor hawdd. Ond roedd oriau o artaith o'i blaen cyn hynny. Yn hynny roedd y wefr orau. Synhwyrodd Ceridwen hynny. Collodd ei chrebwyll. Trodd ei hatgasedd yn awydd i ddial. Tynnodd ei breichiau yn ôl ag un hergwd gan ryddhau ei hun o'i grafangau. Llithrodd fel brithyll o'i afael. Aeth y Sant i boced ei drowser. Tynnodd gyllell fach oddi yno. Doedd e ddim wedi bwriadu defnyddio'i gyllell ei hun – roedd Bledd wedi paratoi'n dda ar ei gyfer, chwarae teg, gan adael y bachau a'r pethau eraill yn barod iddo.

Yn ddisymwth, cododd Ceridwen yn gorwynt o gynddaredd. Disgynnodd y gyllell o'i afael. Doedd mo'i hangen ar Ceridwen. Yng nghrochan tywyllaf ei chalon casglodd ati holl ddüwch ei henaid ei hun a phoeri ton o boen i benglog y Sant. Dychmygodd hwnnw'n treiddio i'w ymennydd a'i wanhau, fel y gwnaeth ganwaith i ddynion gwannach. Ond roedd y diafol yn hwn. Chymerodd y Sant fawr o sylw o hynny. Ailgydiodd yn y gyllell. Cymerodd gam tuag ati. Trywanodd y gyllell tuag ati. Ond methodd. Sibrydodd Ceridwen swyn ar ôl swyn. Ond roedd y Sant yn fyddar. Lledodd gwên ar draws ei wyneb. Roedd e'n deall yn iawn. Roedd ganddo yntau allu hefyd. Yn sydyn teimlodd Ceridwen flaen y gyllell yn crafu ei chroen. Gallai deimlo'r croen yn gwahanu. Gyda phŵer ei meddwl caeodd y twll. Creithiodd hi'n gyflym. Roedd yn rhaid i'r hen wraig bwyllo. Doedd ymosod yn fyrbwyll erioed wedi gweithio.

'Cwyd, Ceridwen, cwyd!' Gallai Ceridwen glywed y gwaed yn pwmpio drwy ei phen. Teimlodd ei hanadl yn tynhau. Prin y medrai dynnu anadl. Roedd ei ddwrn amdani yn dynn. Teimlodd ei hun yn cael ei chodi ar un o'r bachau wrth y to. Suddodd y bachyn i'w chroen.

'Cwyd. Deffra. Deffra.' Clywodd y llais mewnol yn ei deffro o'i llewyg. Roedd yn rhaid iddi ddeffro ac ymladd neu fe fyddai ar ben arni. Wrth i flaen y bachyn gyrraedd ei chroen teimlodd chwa o nerth fel awel fain y cwm yn saethu drwyddi.

'Cwyd!'

Cododd Ceridwen. Agorodd ei llygaid i weld y Sant a'i lygaid dieflig coch.

Galwodd ar y Cread i lanw ei hysgyfaint â nerth. Teimlodd gryndod o ddaioni yn bwydo ei gwythiennau a heb feddwl ddwywaith plymiodd grafanc ei hewinedd i'w lygad a'i lonyddu.

'Aaaa!' Teimlodd y Sant yr artaith am y tro cyntaf. Gwelodd hithau ei chyfle. Sodrodd ei chrafangau ganwaith i'w gnawd. Tynnodd ar wythïen ddu o'i wddf a'i rhwygo fel pe bai'n tynnu gwifren drydan. Collodd arni ei hun yn llwyr. Roedd dialedd cynhenid yn pwmpio drwy ei chorff. Rhaid oedd ei droi'n ysglyfaeth. Rhaid oedd ei arteithio er mwyn talu'r pwyth yn ôl. Llygad am lygad.

Suddodd yntau i'r llawr yn swp gwan. Gwyliodd hithau ei waed yn duo'r cerrig, guriad ar ôl curiad. Ac wrth i'r diferyn olaf wasgaru ar hyd y llawr, roedd Ceridwen wedi mynd â delwedd y groten fach gyda hi.

'Diawl erioed!'

Trwy lygaid ei gamera cudd gwelodd Bleddyn y difrod. Allai ddim credu ei lygaid. Roedd y gwaed yn ddu. Tasgodd diferyn cecrus ohono ar gornel ei gamera a sarnu'r ffocws. Roedd y Sant ar y llawr, gallai dyngu ei fod yn farw. Na! Diawch erioed. Beth oedd yn bod arno? Dychmygu roedd e, yn siŵr i chi. Cododd o'i gadair a brasgamu'n sydyn i gyfeiriad y seler. Gallai deimlo'r chwd yn codi yng nghefn ei wddw. Roedd hi'n rhyfedd o dawel. Rhedodd gam, arafodd. Na, fyddai dyn fel fe byth yn rhedeg. Cerddodd yn ffug bwyllog. Oedd, roedd hi'n uffernol o dawel. Doedd dim sŵn. Gwyddai fod y gell wedi ei hadeiladu'n fwriadol i fygu'r sŵn gwaethaf, ond roedd hyn yn wahanol. Wrth droi am y gell gwelodd fod y drws ar agor. Rhaid bod ei lygaid wedi blino. Rhaid bod y Sant wedi bennu'n gynnar a mynd am adre heb ddweud gwd-bei. Dyn bach fel'na oedd e. Mae'n siŵr y câi ei gildwrn cyn hir. Dyna oedd y drefn. Dynion da yn deall ei gilydd i'r dim. Ble wyt ti, Sant? Ble wyt ti, gwed?

Gwelodd ef ar lawr a'i gorff wedi rhaflo. Dwsinau o gyllyll mân fel crafangau gwyllt wedi pwytho'i groen. Arswydodd. Doedd e ddim yn un am waed cynnes. Cododd y chwd yn ei geg. Allai ddim peidio. Ble ddiawl oedd y ferch fach? Rhaid bod rhyw ddiawl wedi gwneud hyn. Rhyw gythrel o'r Cylch. Byddai'n rhaid iddo edrych eto ar y camera. Blydi wasto amser yn chwilio am ryw allwedd fach ar y llawr. Colli'r cyffro i gyd. Rhaid bod rhywun arall wedi dod yma a defnyddio'r twneli cudd. Ie, dyna oedd hyn. Dod drwy'r twneli, ymosod ar y Sant a dwyn y ferch fach i'w cham-drin ei hun. Doedd dim un esboniad arall. Ond wedyn cofiodd fod y twneli ynghlo. Dyna'r drefn. Roedd yn rhaid iddo gael gwybod am bethau fel hynny. Doedd hi ddim yn noson arbennig, yn ôl yr hen galendr. Doedd hi ddim yn Galan Mai nac yn Galan Gaeaf. Os byddai seremoni, byddai wedi cael gwybod. Wedi cael cyfle i baratoi. Cael bod yn rhan o'r cyfan.

Mae gan waed flas, wyddoch chi hynny? Rhyw flas yn yr aer. Allai Bleddyn mo'i oddef. Cododd y cyfan o'i stumog eto. Teimlodd yn benysgafn. Syllodd eilwaith ar y corff. Corff ei gyfaill ar y llawr llwyd. Byddai'n rhaid iddo waredu'r peth. Cafodd ryw deimlad ei fod yn cael ei wylio a chofiodd am y camera bach ar y to. Cododd un o'r arfau arteithio er mwyn ei chwalu.

Roedd Awen yn fud. Allai hi ddim gwylio mwy. Roedd y cyfan gyda nhw, yr holl dystiolaeth. Cododd Taliesin ei law yn dyner i afael yn ei llaw. Llaw fach fregus. Byddai ei fam yn ôl o fewn yr awr. Gallai deimlo ei blinder yn llifo drwy ei wythiennau ei hun. Mynnodd Awen weld y cwbwl. Teimlodd ryw gymysgedd o ryddhad a chynddaredd yn saethu drwyddi. Roedd e wedi mynd. Roedd e'n bendant wedi mynd. Hebddo fe, byddai modd iddi hithau ddiflannu, heb i neb ddod ar ei hôl. Rhoddodd ei chalon lam. Oedd hynny wir yn bosib?

Gweddïodd am ddyfodiad Ceridwen. Byddai popeth yn iawn ond iddi gyrraedd 'nôl yn saff.

'Ti'n meddwl bod e 'di marw? Wir wedi marw? Ddaw e byth 'nôl? Ti'n credu hynny?'

Dadrewodd Taliesin y llun ar ei sgrin. Gwelodd eilwaith ei fam a'r gwaed ar ei gweflau. Y gwaed yn ei chrafangau. Rhythodd ar ei ffyrnigrwydd. Oedd hi gynddrwg â Nhw? Ei fam ei hun? Yn llofrudd. Edrychodd eilwaith i fyw llygaid Awen a gwyddai nad oedd dewis.

'Odi. Ma'r diawl 'di mynd.'

Gwasgodd Taliesin fotwm i anfon y lluniau. Anfonodd hwy i'r arall fyd, er mwyn torri rhith y byd hwn. Byddai'r gymuned honno'n siŵr o rannu'r gwir a chwalu'r Cylch unwaith ac am byth. Un gwleidydd ar y tro, un heddwas ar y tro, un cyflwynydd, actor, doctor ar y tro. Er mwyn yr hen blant bach.

I beri i ferch esgor esmwyth

116. Cymer sudd y marchfint, neu fint y dŵr, wedi eu pwyo'n dda, gyda gwin gwyn, a'i hidlo'n lân, a rho iddi i'w yfed. Os bydd gwraig a'r baban wedi trigo gyda hi, yfed y sudd hyn a sudd marchalan (o deulu llygad y dydd a blodyn yr haul) hanner yn hanner, ac ef a'i rhyddha hi drwy Dduw.

PLANNU

ROEDD HILARY YN ei garu, gwyddai hynny.

Yng ngolau gwan ei dortsh cododd Hilary'r rhaw. Bu hi yma ganwaith ar gyrion yr ardd rododendrons. Prin iddi gael amser i wisgo'n iawn, roedd Syr am ei chymorth. Doedd ganddi ddim dewis a dweud y gwir. Cododd y pridd yn dawel a phalu'n ddyfnach. Byddai'n dod i'r fan hon ar ambell bnawn gwlyb i sbecian dros y gât. Fu hi erioed ymhellach na'r gât fawr gadarn, glo. Unwaith efallai. Do. Fu hi ar drip i'r dre gyda Syr i brynu dillad merched mawr. Syr yn y car a hithau'n gwasgu'r decpunt yn dynn i'w dwrn. Roedd Syr yn garedig iawn. Fe aeth hithau'n ffyddlon i ofyn i un o'r merched wrth y cownter am ddillad merched mawr a hwythau'n rhythu arni a mynnu ei mesur cyn iddi brynu dim. Prin y gallai yngan gair. Methai ddod o hyd i eiriau. Doedd hi ddim am i neb ei chyffwrdd. Doedd hi ddim yn hoffi neb yn ei chyffwrdd.

Suddodd y rhaw yn ddyfnach i'r pridd meddal. Gallai weld y Cartref ymhell bell ym mhen draw'r ardd. O'r fan hon dim ond ôl y dortsh a chysgod y pileri mawr welai hi. Doedd hi ddim yn licio'r nos rhyw lawer. Doedd hi ddim yn licio bod mas heb ei dillad go iawn.

'Dere, Hilary fach. Dere â'r rhaw 'na i fi... sdim siâp arnot ti. Oes, ma'n rhaid i Syr hastu, wyt ti'n gweld? Ti ddim am i Syr gael y bai, wyt ti? Dim bai Syr yw hyn, ti'n deall? Un fach dda wyt ti i Syr. Nawr dere â'r bwndel 'na draw fan hyn. Plannu. Ie, plannu yn yr ardd.'

Ond cofiodd Hilary am blannu bwndel arall. Bwndel bach coch. Doedd hi ddim yn deall sut ddaeth y bwndel bach coch yn rhan ohoni, ond roedd hi'n cofio'r sgrech fach. Roedd hi'n cofio teimlo'r boen yn ei bola a'r cwbwl yn cael ei rwygo oddi wrthi. Roedd hi'n cofio. Allai Syr ddim esgus anghofio hynny.

'Wyt ti'n caru Syr? *Os* wyt ti'n caru Syr bydd Syr yn dy amddiffyn di. Bydd e'n dy gadw di mas o'r seler. Dwyt ti ddim fod yn y seler. I blant bach drwg mae'r seler. Hen blant bach sy ddim yn gwrando. Hen blant bach sy'n pisho'n gwely. Dyw Hilary fach ddim yn pisho'n gwely, wyt ti?'

Piffiodd Hilary fach yn ddiniwed. Roedd wyneb Syr yn ddoniol yn y golau egwan – dwy lygad yn ddu a'i anadl yn fyr wrth godi'r rhaw a'i phlymio eto i'r pridd llaith.

'Ti, cofia nawr, yw'n ffefret fach i. Ti sy'n cael eistedd 'da Syr a helpu yn y swyddfa, yndyfe? Neb arall, cofia nawr. Dim ond Hilary fach.'

Daeth y rhaw i stop. Gallai Bleddyn deimlo carreg neu rywbeth. Diawch erioed! Carreg mewn cadach, meddyliodd. Plygodd yn ei drowser swyddfa ac arswydo o deimlo nad carreg oedd yno. Roedd e'n siŵr iddo ddweud wrth Cwlffyn am gladdu'r blydi peth bach yn ddyfnach na hyn. Sylwodd ar gorff Hilary yn nes wrth ei ochr.

'Dere â'r blydi dortsh fan hyn. Wy ffaelu gweld ffac ôl a tithe'n sheino hi'n lyged i. Groten ddiawl.'

Siomodd Hilary. Blinciodd ei llygaid ganwaith. Doedd Syr ddim yn neis heno.

'Nawr dere, Syr wedi siomi, 'na i gyd. Dere i ni gael ceibio nes lawr am funud. Fe dwlwn ni'r "garreg" 'ma mas o'r ffordd ac wedyn bydd digon o le 'da ni i blannu'r sach dato yna i gyd, be ti'n weud? Pawb yn lico tato newydd, yn does e?'

Roedd Syr yn chwys diferu a'i gorff yn drewi. Drewdod hen chwys. Gallai Hilary gofio rhywbeth, ond doedd ganddi mo'r geiriau i'w ddweud.

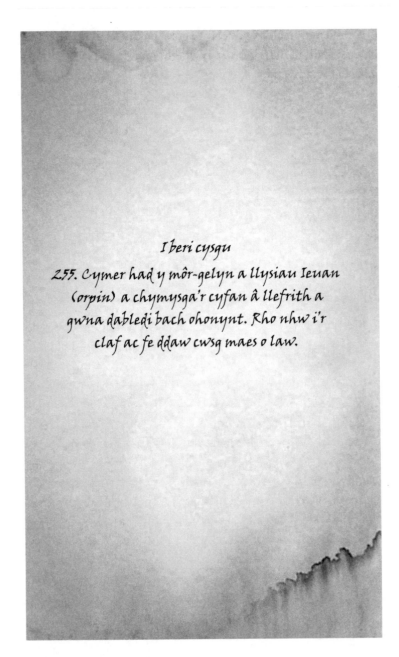

I beri cysgu

255. Cymer had y môr-gelyn a llysiau Ieuan
(orpin) a chymysga'r cyfan â llefrith a
gwna dabledi bach ohonynt. Rho nhw i'r
claf ac fe ddaw cwsg maes o law.

ADRE

LLUSGODD CERIDWEN AM adre. Gallai deimlo pwysau'r blynyddoedd ym mhob cyhyr. Roedd ei chalon ar garlam o hyd. Byddai'n rhaid iddi orffwys. Cau ei llygaid a llithro ymhell bell. Teimlodd flinder trwm yn ei gwasgu. Pwysodd am eiliad ar garreg i gael ei hanadl. Roedd yn rhaid iddi eistedd. Allai byth gyrraedd y fferm. 'Munud fach. Ie, munud fach i orffwys ac fe fydda i'n well,' mwmialodd Ceridwen dan ei hanadl.

Gallai gysgu, gymaint oedd pwysau ei llygaid. Teimlodd y gwaed lle bu'r gyllell. Byddai'n rhaid iddi stopio'r gwaed. Gwasgodd y rhwym yn dynnach am ei chanol. Byddai'n rhaid iddi orwedd. Teimlodd wlybaniaeth y borfa yn suddo i'w dillad. Ond mor braf oedd cael cysgu. Teimlodd dawelwch y cwm yn cau amdani a llithrodd i gynhesrwydd cwsg. Byddai'n iawn ond iddi gysgu.

''Ma hi, bois. Cydiwch amdani.'

Deffrodd Ceridwen. Prin iddi gysgu winc. Dychmygu oedd hi. Na, roedd hi'n saff. Doedd neb yno ond ei dychymyg. Ailgaeodd ei llygaid. Roedd ei llygaid yn drwm, drwm a'r glaswellt gwlyb yn gynnes, gynnes. Llithrodd eto i'w freichiau. Teimlodd ei byd yn boddi'n neis, neis i'w gilydd a'r cyfan roedd angen iddi ei wneud oedd cysgu. Llithro, derbyn. Mor braf oedd y graig odani. Gallai deimlo adar bach ei dychymyg yn ei chario i ddiwrnod braf. Diwrnod gwneud gwair. Fflasged o de a'r gwres yn ei dofi'n dyner. Cwsg. Cwsg.

'Cer-id-wen... ble wyt ti?'

Llais tylwyth teg? Na, llais cwsg yn ei galw i'w gwely. Gwasgodd yr awydd i ddeffro, i wirio, a phlymiodd yn bellach i'w blinder.

'Ble wyt ti?' Cân y gwynt rhwng y brigau. 'Dere i chwarae gyda ni...' Sŵn plant y mynydd yn chwarae a hithau yn ei rhubanau yn dilyn. 'Dere i chwarae gyda ni...' Ton gynnes yn sibrwd, chwarae, chwerthin a hithau'n perthyn.

'Dere i ni ga'l chwarae cwato. Dere, Ceridwen. 1, 2, 3, 4, 5 a 6 a 7 ac 8 a 9 a 10... Barod neu beidio, dyma fi'n dod! Dyma fi'n do-od, barod neu beidio. Dyma fi'n dod...'

Clywodd yr hen wraig lais ei ffrind yn ehedydd ar hyd y mynydd. Awel fel adain yn plymio'n gyffro drwy ei chorff wrth redeg a chuddio ac aros tan iddyn nhw ddod i'w chanfod. A chwerthin fel plu ar ddiwrnod plufio, yn chwyrlïo yn y gwynt a'i mam yn dweud wrthi am guddio go iawn.

'Cer i gwato, Ceri. Cer i'r cwtsh dan stâr.' Ei llais yn stacato. Cuddio yn y cwtsh dan stâr tan i ddynion y pentref gael digon o'i thormentio. Ei threisio. Ei sarhau, tan iddi ddysgu dial.

Saethodd llygaid emrallt yr hen wraig. Gallai glywed eu cerdded yn agosáu ac roedd hi'n ôl yn llygoden fach. Rhewodd yn ei hunfan.

'Cer am y seler, glou nawr. Ceridwen, cwata!'

'Ma nhw wedi dod i'n hôl i. Ma nhw wedi dod i'n hôl i.'

Sut ddiawl oedd modd iddi amddiffyn ei hun?

'Alla i byth fynd 'nôl, alla i byth! Alla i byth, chi'n deall? Alla i byth fynd 'nôl.'

Cydiodd ei mam yn ei braich a'i harwain yn sgaprwth am y cwtsh dan stâr. Symudodd y cotiau ar frys a gwasgu clicied y drws i'w agor. Camodd i dywyllwch y seler a'i chalon yn storm. Ei chalon hi a chalon Awen. Rhannodd ei churiad. Gallai deimlo pryder Awen am iddi rannu'r pryder hwnnw ei hun. Mewn corff arall. Pwy oedd hi bellach, gwedwch? Ai Ceri fach, ai Awen? Moriodd ton o flinder drosti i'w drysu. Pwysodd hi'n drymach i ddyfnder cwsg. Arnofiodd yno rhwng cof ac angof. Llithrodd i drwmgwsg.

Duodd y nos o'i hamgylch. Gorweddodd yn drwm, yn gaeth i'w gwendid. Allai hi ddim symud. Doedd ganddi mo'r egni. Llithrodd ymhellach, bellach i gell cwsg. Allai ddim dod oddi yno. Disgyn, disgyn, i berfedd cwsg a boddi yn ei ddyfnder. Fedrai hi ddim deffro.

Ac o anialwch ei breuddwyd clywodd,

'Cwyd, Ceridwen, Ceridwen, cwyd!'

Llais tawel. Fel llais tad. Roedden nhw wedi dod i'w hôl. Yr wyth. Brodyr y mynydd, i'w chario'n dyner drwy ddrysni ei phoen. I'w chario adre.

Rhinwedd y Geidwad (sage)

785. Da yw eu berwi er mwyn cryfhau'r nerfau. O'i yfed â mêl, da yw i'r ysgyfaint. Os caiff ei yfed gan wraig a baban marw gyda hi, berwed ef gyda gwin gwyn a'i hidlo'n lân, ac yfed hi hwnnw yn oer a hi a gaiff ei gwared yn ddiberygl i'w bywyd.

Hefyd cymer y llyseuyn hwn wedi ei fwtso'n fân a rho ef wrth frath gwenwynig ac fe dynn y gwenwyn oddi yno.

O'i bwno'n fân a'i gymysgu â gwin gwyn neu hen fedd, da yw i'w yfed ar stumog wag i gadw iechyd a hir oes.

CARREG

'**B**ABI!' LLAIS HILARY.

'Nage, Hilary fach. Carreg, 'na i gyd. Nawr cer draw, i Syr gael bennu plannu!'

'Babi!' galwodd Hilary eto a'i llais yn glir.

'Dere, wir nawr, Hilary. Ma Syr yn ffycd os na gaf i'r blydi corff 'na mewn cyn i'r haul godi. Nawr dere, gad dy ddwli a mestyn y sach. Ie, 'na fe. Y sach dato. Dyna ni.'

Ble ddiawl oedd Dyrnau pan oedd ei angen? Jobyn i ddyn â bôn braich oedd hwn. Nid jobyn i groten a dyn swyddfa o'i galibr yntau.

''Na groten dda. Estyn di'r sach, 'na gwd gyrl fach, ac fe gawn ni fynd mewn i chwarae swyddfa. Ti'n groten fawr nawr, cofia. Fyddet ti ddim yn lico i Syr ddewis un o'r merched eraill yn ffefret iddo nawr, fyddet ti? Digon o ferched bach neis i ga'l, yn does e?'

Cododd Hilary'r sach yn ddiffwdan. Roedd ei chorff yn gryf. Gallai symud y corff yn ddiymdrech. Gwnaeth hynny er mawr ryddhad i Bleddyn. Gallai gario cystal â dyn ac roedd ei mudandod yn fonws.

'Nawr, dere â'r "garreg" 'na i fi.'

'Babi.'

'Nage, nid babi yw e, Hilary fach. Dim ond carreg mewn cadach. Hen dywel. Well i ti ddod â'r cyfan i Syr. Fe gladdwn… Fe blannwn ni fe mewn fan hyn a chau'r cyfan.'

Ymestynnodd Hilary am y cadach. Gwyddai'n iawn nad

carreg oedd yno. Gallai gofio'n iawn, ac roedd rhyw ddyhead ynddi i dynnu'r cadach i weld. Straffaglodd Bleddyn i godi o'i gwrcwd. Roedd yn rhaid iddo guddio ei ôl. Doedd e ddim am i'r holl annibendod hyn bardduo ei enw da. Un sniff ac fe fyddai'r cyfan ar ben arno. Pob rhacsyn a'u trwynau bach yn ffroeni wrth ei ddrws. Doedd dim gobaith ganddyn nhw ei gornelu. Roedd gormod o ddynion da yn mynd i wneud yn siŵr o hynny. Golau cannwyll efallai. Dyna i gyd. Ond roedd hi'n ddigon hawdd diffodd cannwyll.

Trodd ei feddwl yn ôl at y seler. Y gwaed yn y seler, y cyrff. Byddai'n rhaid iddo gloi'r seler yn gyfan gwbwl tan iddo gael amser i'w glanhau'n iawn. A ble ddiawl oedd Dyrnau, yr hen lwmpyn diwerth? Yn gaeth i'w wely, wir. Stwffo'i hen fola ar gig amrwd, ynta. Yr hen fochyn ag e.

Bu'n agos o'r blaen ond roedd ei ddwylo ei hun yn frwnt y tro hwn. Byddai'n rhaid iddo olchi.

'Nawr dere â hwnna i Syr. Dere â hwnna i Syr wedes i! Ti moyn i Syr dy hala di bant? Wyt ti? Fan'na fydd dy le di, ti'n deall?' meddai gan bwyntio i gyfeiriad yr Ysbyty Meddwl. 'Fan'na fyddi di os na wnei di wrando ar Syr. Nawr, dere ag e!'

Gallai Hilary weld yr wyneb bach a'r croen wedi pydru. Babi oedd e. Ei babi hi.

HEN FFRIND

GWASGODD TALIESIN EI gorff yn dyner amdani. Gwyddai iddo fod gyda hi mewn oes arall. Fe ac Awen. Y ddau gyda'i gilydd. Daliodd hi'n dynn tan i'r cryndod dawelu. Roedd hi'n saff yn y mynydd gydag e. Ddôi neb ar ei hôl. Teimlodd hithau hynny hefyd. Dim ond cwrso hen fwganod. Roedd y nos yn cau amdanyn nhw a dim sŵn yn y tŷ heblaw am dician y cloc.

Teimlodd dawelwch yn llithro drwy ei chorff. Roedd hi adre o'r diwedd ym mreichiau hen ffrind.

'Ma dy fam yn hwyr.'

'Fe ddaw hi. Fe ddaw hi adre cyn hir.'

'Shwt wyt ti'n gwbod? Falle'i bod hi ar goll. Os ewn ni i edrych amdani...'

'Mae ar ei ffordd adre, paid poeni am Mam. Fe ffindith hi ei ffordd ym mhob tywyllwch.'

'Beth os yw hi 'di ca'l niwed?'

'Gwranda, ma Mam yn iawn. Cer i neud te. Fe ddaw hi cyn i ti ferwi'r tegil. Fe af inne i'r cwpwrdd cornel. Bydd angen rhywbeth arni i gryfhau. Rhywbeth heblaw cwsg. Cer i'r cwtsh dan stâr. Dere â pheth o'r poltis. Ma Mam wedi ei gymysgu cyn mynd. Ro'dd hi'n gwybod sut un fyddai e. Fe losgwn ni saets i buro'r tŷ a chynnu'r tân mawr iddi ga'l chwysu'r drwg ohoni. Halen. Cer i hôl yr halen a chynnu'r lampau ar siliau'r ffenestri i gyd. Fe ddaw Mam yn ei hôl. Fe garith y gwynt hi am adre, gei di weld.'

Taniodd Awen y saets yn y ddysgl gopr. Chwythodd y mwg yn gymylau gwyn ar hyd y lle. Purodd ei hunan yn gyntaf. Tasgodd fflam goch o'r dail crin – rhaid oedd parhau i buro. Gwyddai Awen fod angen iddi glirio'r holl fwganod ynddi hi ei hun. Diflannodd y fflam. Chwythodd Awen a llyncu'r mwg rhyw damaid tan i'w llygaid gochi. Symudodd yn y tonnau gwyn a gadael iddynt ddisgyn dros ei chorff fel clogyn.

Yn araf deg cerddodd o un stafell i'r llall. Ymgollodd yn llwyr yn y dasg. Gwyliodd Taliesin hi. Roedd hi'n cofio.

Parhaodd i gario'r mwg o un stafell i'r llall yn seremoni gyntefig. Gwyddai'r mwg pryd i dawelu, pryd i gynhyrfu. Ymddiriedodd Awen ynddo. Roedd y mwg yn fyw fel hithau. Yn enaid. Purodd y tŷ. Agorodd Taliesin y drysau i ryddhau pob ysbryd drwg. Anogodd hwy i ymadael heb adael dim ar ôl ond heddwch a thawelwch. Cyrcydodd wedyn wrth yr hen le tân a chynnu tanllwyth i grasu'r hen dŷ bach. Byddai'n rhaid i'w fam chwysu'r drygioni i gyd ohoni. Pob fflwcsyn bach.

Diolchodd Awen am gael gwneud rhywbeth. Roedd aros a gwylio yn ei llabyddio. Doedd ganddi ddim amynedd i wylio'r hen gloc am awr arall. Ble oedd yr hen wraig? Ble oedd ei hen ffrind? Clywodd y filgast yn troi yn ei bocs. Methu cysgu oedd hithau hefyd. Trodd eilwaith. Cyrcydodd Awen ar ei phwys a rhwbio blaen ei thalcen.

'Fe ddaw hi. Fe ddaw hi'n ôl, gei di weld.'

Amethyst – ffrind da i gynorthwyo gwella
ac i ddatblygu ymwybyddiaeth ysbrydol.

HILARY

Dim ond chwarae swyddfa roedd hi wrth agor a chau dreiriau'r ddesg. Agor a chau'r dreiriau fel croten fach dda. Croten Syr. Gwelodd ei hadlewyrchiad yn sgrin y cyfrifiadur, ei hwyneb fel lleuad. Wyneb tlws, tlws. Ei llygaid yn las, las fel y môr ar ddiwrnod braf a'i gwallt yn gwrls dros ei hysgwyddau. Wyddai hi ddim am ei phrydferthwch ei hun. Wyddai hi ddim ond am chwarae swyddfa a chwarae plannu a chwarae caru gyda Syr. Bu hi yno ers ei bod hi'n chwech oed. Roedd hi bellach yn ddeunaw. Gosododd feiros gorau Syr yn ofalus ar ledr gwyrdd ei ddesg fach. Gosododd y beiros yn syth fel plant bach mewn côr. Gosododd ei bensiliau ar eu pwys. Naddodd nhw. Roedd rhai yn fyr a rhai yn dal. Gosododd y rhai heb fin yn ofalus mewn côr arall. Côr i blant drwg. Doedd dim lle i'r rheini ar ddesg fach Syr.

Trodd Hilary yn y gadair. Roedd hi'n hoffi'r sŵn. Roedd y gadair yn gwichian. Trodd yr holl ffordd fel cwpan mewn reid ffair, ac yna trodd yn ôl. Gwnaeth hyn ddegau o weithiau. Roedd hi'n aros am Syr. Byddai Syr yn siŵr o ddod. Roedd Syr wastad yn dod â cherydd fach am iddi fusnesa yn ei swyddfa.

Roedd hi'n allweddneis. Allwedd fach poced Syr. Doedd neb i gyffwrdd yn yr allwedd. Yno fyddai'r allwedd, ym mhoced ei got fach. Rhwng y lolipops.

Roedd Hilary yn dwli ar lolipops Syr.

Gwyddai Hilary'n iawn nad carreg oedd yno. Gwyddai hynny am mai Cwlffyn a hi roddodd y peth bach yno yn y lle cyntaf. Mynnodd gario'r peth bach ei hun. Roedd Cwlffyn yn ddigon ffein yn y bôn. Gadawodd iddi ddod. Rhyw jobyn munud olaf oedd hyn iddo. Prin iddo golli eiliad yn meddwl amdano. Dim ond gwaith cymhennu. Dim ond un arall. Palodd Cwlffyn wely glân i'r peth bach. Plygodd hithau a'i blannu, yn y gobaith y byddai'n tyfu fel y clawdd rododendrons. Thyfodd e ddim.

'Syr? Syr?'

Ble oedd Syr? Rhaid ei fod yn dal i gysgu. Gadawodd iddo orwedd yn dawel ar ei lawnt, ei *lawn*. Roedd Syr yn sili. Yn sili ac yn ddrwg. Roedd hi'n gwybod nad carreg oedd yno yn y pridd. Roedd hi'n gwybod beth oedd carreg.

Cofiodd gydio yn un o ddiawled y mur carreg. Carreg Syr. Carreg â siâp dyn cas. Carreg â chyrn.

'Drychwch, Syr. Carreg,' meddai Hilary, ei llais yn gymysgedd o frwdfrydedd stwbwrn, cyn gadael iddi ddisgyn yn ddifeddwl ar benglog Syr. Penglog dyn drwg yn dawel yn y gwlith. Penglog Syr.

Dal i chwarae swyddfa roedd Hilary wrth i'r golau glas fflachio ei ffordd dros y dreif. Golau glas yn canu. Cân y golau glas. Roedd y plant eraill yn dal yn eu gwlâu. Doedd hi ddim yn groten ddrwg. Gallai hi ddangos iddyn nhw. Y lluniau i gyd. Lluniau ffrindiau Syr. Doedd neb yn adnabod y lle gystal â hi – y neuadd, y stafelloedd cysgu, y seler, gwlâu'r plant drwg...

... Ac ar ôl gwneud ei gwaith yn groten dda, roedd Hilary am fentro heddiw y tu fas i'r gât.

BLWYDDYN A DIWRNOD

Pan ddaeth brân i mewn drwy'r hen shimne, gallai ei chlywed yn crafu, tu ôl i'r wal, ei chrawc yn deall bod diwedd ar ddod. Fedrai ddim hedfan yn ôl drwy'r twll yn y to. Brân? Jac-do efallai? Gallai ei chlywed drwy'r dydd, ac wrth iddi droi yn ei gwely dymunai iddi farw, er mwyn iddi hithau gael cysgu'n drymach ac anghofio. Tŷ. Cartref. Estyniad o'r tu fas. Lle i fwyta a chysgodi. Cerrig noeth. Welydd gwyngalch. Y frân ddaeth gyntaf. Y ferch ddaeth wedyn. Cyrraedd ar ddamwain. Ymwelwyr. Dôi'r ymadael eto. Rywsut.

Roedd hynny flwyddyn yn ôl erbyn hyn. Blwyddyn a diwrnod, a dyna'r diwrnod y cafodd gwmni gyntaf; diwrnod pan ddaeth y frân i grafu ei marwolaeth yn y shimne lwfer. Dau ymwelydd. Cofiodd iddi aros ar ddihun sawl noson wedyn gan ddisgwyl y trydydd. Ddaeth e ddim tan heddiw.

Cyn dôi'r haf roedd wedi addo galw. Sut gwyddai'r hen wraig hynny? Wel, roedd yr hanes yn y gwynt. Roedd yr hanes ym mhob porfeyn. Roedd yr hanes yn nŵr y pistyll. Yng nghrawc y brogaod ar wyneb llyn. Roedd wedi addo galw. Ffroenodd Ceridwen yr awel. Byddai'n siŵr o alw. Syllodd ar hanner cylch ysgafn yn yr awyr. Y lloer yn cadw oed. Byddai'r cwbwl yn dod i'r golwg yng ngolau'r lleuad. Roedd honno cystal meistres ag unrhyw un. Gallai'r hen wraig boeri ar hynny.

Gwelodd Ceridwen gip o'i hadlewyrchiad yn ffenest frwnt y sgubor. Rhuban o wallt brith yn disgyn dros ei gwar. Roedd wedi ei gadw'n hir er nad oedd yr un graen arno. Roedd ei liw wedi newid fel lliw'r ffridd ym mhob tymor. Weithiau'n frown. Weithiau'n felyn.

Roedd y ferch yn dysgu. Byddai'n siŵr o aeddfedu. Dysgodd iddi ymhle roedd dod o hyd i bopeth. Sut oedd halltu a chadw'r bwyd am y gaeaf. Dysgodd iddi sut i adnabod y dail a sut oedd gwella. Dysgodd iddi pa rai oedd yn llesol ac at beth, a pha rai oedd yn wenwynig. Gosododd y pentyrrau o lyfrau, ei chasgliad cyflawn, yn barod iddi. Oes o gasglu a dysgu. Oes o ymchwil a gwrando ar gylch natur yn troi'n ddiderfyn. Fyddai hi ddim yn barod amdanyn nhw eto. Na, gwyddai Ceridwen mai brwydr i wella ei hunan fyddai'n dod gyntaf. Ac wrth fynd ar y siwrne honno byddai'n dysgu'r grefft o wella eraill. Byddai'r angen i wybod yn ei deffro o'i charchar. Ddôi neb arall ar ei hôl. Roedd Taliesin wedi gwneud yn siŵr o hynny. Ac nid ymwelydd mo yntau chwaith. Roedd e adre, yn perthyn i'r pridd, yn ddienw y tu ôl i'r sgrin, yn fardd ar ymgyrch newydd, er mwyn amddiffyn yr hen blant bach.

Lledodd y lluniau o sgrin i sgrin. Cylch bach yn gylch mwy, fel taflu carreg i wyneb llyn. Marwolaeth gyhoeddus i ddynion cyhoeddus i gau'r Cylch yn gyfan gwbwl.

Gorweddodd yr hen wraig wrth foncyff y dderwen. Yma roedd ei lle tawel. Ymestynnodd ei choesau ar y llawr mwswgl. Gallai deimlo nerth ei chymalau yn llithro'n dawel bach ohoni. Gwenodd Ceridwen. Syllodd i frigau'r goeden, roedd e wedi dod i gadw cwmni. Yr ymwelydd cyntaf. Y frân, daeth yn driw i gadw oed. Carthodd ei gwddw. Roedd ei dyled wedi ei thalu yn llawn. Caeodd ei llygaid a llithro'n dawel bach i'r arall fyd.

Tair meddyginiaeth Meddygon Myddfai
'Dŵr, Mêl a Llafur.'